AI를 활용한 디지털창의워크,
나만의 일을 만들다

삶의 가치를 비즈니스로 바꾸는 디지털 독립의 시작
AI를 활용한 디지털창의워크, 나만의 일을 만들다

초판 1쇄 발행   2026년 3월 13일

지은이   조안쌤(김정미)
펴낸이   곽철식
펴낸곳   다온북스

디자인   임경선
마케팅   박미애
인쇄와 제본   영신사

출판등록   2011년 8월 18일 제311-2011-44호
주   소   경기도 고양시 덕양구 향동동 391 DMC플렉스데시앙 KA 1504호
전   화   02-332-4972
팩   스   02-332-4872
이메일   daonb@naver.com

ISBN 979-11-24392-01-0 (13000)

삶의 가치를 비즈니스로 바꾸는 디지털 독립의 시작

AI를 활용한 디지털창의워크, 나만의 일을 만들다

조안쌤(김정미) 지음
교육주최 : 창의융합교육 콘텐츠협회
교육주관 : (주)조안아카데미

다온북스
DAON BOOKS

프롤로그

많은 사람들이 "이제 와서 무엇을 시작하냐"라고 묻는다. 그러나 문제는 능력이 아니라 기회의 언어를 아직 만나지 못한 데 있다. 지금은 큰 자본이나 조직 없이도 AI와 콘텐츠, 디지털 창의 워크를 통해 나만의 일을 만들 수 있는 시대다.

"디지털창의워크는 단순한 SNS 기술이 아니라, 자신의 경험과 관점을 콘텐츠로 구조화해 '일'로 연결하는 능력"이다.

이는 오히려 삶의 무게를 견뎌온 중장년에게 더 잘 어울린다.
AI는 사람을 대체하는 것이 아니라 방향을 증폭시키는 도구다.
이 책은 기능을 나열하기보다 "무엇을 만들고 싶은가"를 먼저 묻고, 블로그·인스타그램·페이스북, 유튜브를 연결하는 구조와 실행 방법을 제시한다.
1인 창업은 막연한 꿈이 아니라 구조를 알면 가능한 선택이다.
완벽함이 아니라 시작이 필요한 시대!!
'당신만의 일을 시작할 수 있는 현실적인 첫걸음'을 안내받아 보라.

차례

8장 페이스북 이해와 페이지 그룹 운영 전략, 지역 커뮤니티 마케팅 구조

9장 유튜브에 대한 이해와 알고리즘, 마케팅 구조

13장 유튜브 실시간 라이브의 이해와 활용 전략

14장 유튜브 종료화면, 카드 기능, 채널 분석의 중요성

15장 유튜브 알고리즘 관리법과 반응도 지수의 이해

1장

AI 개념 & 트렌드 이해

01
AI 개념 & 트렌드 이해

1-1. AI란 무엇인가?

AI(Artificial Intelligence, 인공지능)는 '기계가 사람처럼 사고하고 학습하며 문제를 해결하는 능력'을 의미한다. 이는 단순히 계산을 빠르게 하는 컴퓨터가 아니라, 경험을 통해 스스로 효율적 답을 찾아가는 시스템을 만드는 기술이다.

AI는 과거 컴퓨터공학의 한 분야였지만, 지금은 경제·교육·의료·콘텐츠 등 거의 모든 산업과 일상에 영향을 미치는 **혁신의 중심**이 되었다.

AI의 핵심은 '학습'과 '예측'이다. AI는 과거 데이터를 통해 패

AI를 활용한 디지털창의워크, 나만의 일을 만들다

턴을 인식하고, 그 패턴을 바탕으로 새로운 문제에 대한 답을 생성하는데 탁월하다. 이 능력의 기반에는 머신러닝(기계학습)과 신경망(Neural Network) 같은 기술들이 있다. 특히 신경망 구조는 사람의 뇌에서 영감을 받아 설계된 인공신경망을 통해 데이터 간 연관성을 스스로 파악하도록 한다.

1-2. 생성형 AI와 GPT의 등장

최근 AI의 가장 주목할 성과는 생성형 AI(Generative AI)이다. 이 기술은 입력된 질문이나 지시문(prompt)을 기반으로 텍스트, 이미지, 소리 등을 새롭게 만들어내는 능력을 갖는다.

GPT는 "Generative Pre-trained Transformer"의 약자로 심층 신경망 기반의 자연어 처리 모델이다. GPT는 방대한 텍스트 데이터를 미리 학습해문맥을 이해하고 새로운 문장을 생성한다.

GPT 기술의 성장은 단순한 기술적 이슈가 아니다. 이 기술은 "사람의 언어를 흉내 내는 수준"을 넘어 아이디어 생산, 스크립트 작성, 전략 기획 같은 **창의적 작업**에도 활용되며 실제 업무 효율을 높이고 있다.

2025년 기준으로 OpenAI는 GPT-5.2와 같은 최신 대규모 언어 모델을 발표하며, 텍스트 생성뿐 아니라 이미지와 음성까지 이해하는 **멀티모달 기능**을 확장하고 있다.

1-3. 왜 지금 AI가 중요해졌는가?

AI 기술이 중요한 이유는 "도구의 진화"가 아니라 **사람의 작업 방식을 바꾸는 변화**이기 때문이다. 예전에는 콘텐츠나 업무 생산이 '시간 + 사람의 능력'으로 결정됐다면, 이제는 **AI라는 도구가 사람의 방향성과 결합하여 새로운 생산성을 만든다.**

예를 들어, GPT를 활용하면, 긴 글의 초안을 빠르게 만들고, 이미지 AI로 시각 콘텐츠를 생성하며, AI 영상 도구로 비디오를 자동 편집할 수 있다. 이런 과정들은 이제 단순한 실험이 아니라 **실전 생산 과정**으로 자리 잡았다.

또한 AI는 개별 사용자의 요구에 맞춘 맞춤형 생산성 도구로 진화하고 있다. AI 에이전트(Agent) 같은 기술은 사용자의 지시를 스스로 이해하고,단계별 작업을 수행하며 결과를 만들어낸다. 이는 단순한 응답형 챗봇을 넘어선 '사용자 맞춤형 작업 수행 시스템'으로 발전하고 있다.

1-4. AI 트렌드: 지금과 미래를 보는 관점

① 일상 속으로 스며드는 AI

AI는 단순히 연구실이나 기업의 기술이 아니다. 이제는 스마트폰 앱, 클라우드 서비스, 브라우저, 생산 도구 등 우리 일상의 모든 경로에 통합되어 가고 있다. 이로 인해 "생각을 실행으로 옮기는 속도"가 달라지고 있다.

② AI 경쟁력은 속도와 방향성이다

AI는 '속도'를 주는 도구이지만 무엇보다 중요한 것은 방향을 가진 사람이다. 같은 AI를 사용해도 어떤 목표를 갖고 있는지에 따라 결과가 달라진다. 즉 AI는 사람의 생각을 증폭시키는 도구이지, 생각 그 자체를 대신하는 존재는 아니다.

③ 실용 중심의 접근

과도한 기대감과 달리, 최근 AI 트렌드는 "실전 가치 중심"으로 옮겨가고 있다. 즉 단순한 기술적 화려함보다 "내 업무와 고객이 체감할 수 있는 효율 개선"에 초점이 맞춰지고 있다.

1-5. AI는 어떻게 일을 바꾸는가?

AI 기술은 업무 과정을 자동화하고 효율화하는 것 이상의 의미를 가진다. 특히 콘텐츠 생산 영역에서 AI는 다음과 같은 변화를 가져왔다.

① **아이디어 생성의 자동화** — 빠르게 초안과 대안을 만들 수

있다.

② **시간 절약과 집중 증대** — 반복적 작업을 줄이고, 핵심적인 판단에 더 집중하게 한다.

③ **다양한 종류의 콘텐츠 생성** — 텍스트·이미지·영상까지 하나의 흐름으로 만들 수 있는 길을 연다.

이 변화는 단순한 기술 도입이 아니다. 그것은 콘텐츠 기반의 '일의 구조' 자체를 재정의하는 사건이다.

> 📌 **이것만은 꼭 알고 가기**
>
> ❶ 디지털창의워크는 기술이 아니라 '구조'다. 자신의 경험과 관점을 콘텐츠로 구조화해 '일'로 연결하는 능력이다.
>
> ❷ AI는 대체가 아니라 증폭의 도구다. AI는 방향이 명확한 사람의 속도를 높여주는 도구다.
>
> ❸ 1인 창업은 재능이 아니라 구조의 문제다. 특별한 능력이 있어서 시작하는 것이 아니다.
> 관점 → 콘텐츠 → 연결 → 분석 → 개선. 이 흐름을 이해하면 누구나 실행 가능하다.
>
> ❹ 플랫폼은 수단일 뿐이다. 블로그, 인스타그램, 페이스북, 유튜브는 목적이 아니다. 이들을 연결해 하나의 구조로 설계할 때 비로소 '일'이 된다.

❺ 중장년에게 더 유리한 시대다. 삶의 경험은 콘텐츠 자산이다. 디지털창의워크는 경험을 수익 구조로 전환하는 과정이다.

❻ 완벽함보다 시작이 중요하다. 기술이 완벽해질 때까지 기다리면 늦는다. 실행 속에서 수정하고 성장하는 구조가 필요하다.

02
SNS 플랫폼 이해와
1인 창업·퍼스널 브랜딩의 구조

2-1. SNS 플랫폼의 구조적 이해

SNS(Social Networking Service)는사용자 간 연결을 기반으로 콘텐츠를 생성·공유·확산하는 온라인 플랫폼이다.

현재 주요 플랫폼은 알고리즘 추천 시스템과 검색 시스템을 중심으로 운영되며, 각 플랫폼은 콘텐츠 형식과 사용자 이용 목적에 따라 구조적 차이를 가진다.

AI를 활용한 디지털창의워크, 나만의 일을 만들다

2-2. 주요 SNS 플랫폼별 특징과 마케팅 전략

1) 블로그 (검색 기반 플랫폼)
→ **신뢰 형성 및 장기 자산화 플랫폼**으로 분류된다.

① 구조적 특징
- 검색엔진(네이버·구글) 기반 노출
- 키워드 중심 콘텐츠 구조
- 장문 정보 전달에 적합
- 전문성 축적형 플랫폼

② 사용자 행동 특성
- 문제 해결 목적의 방문
- 정보 탐색·비교 행동
- 구매 전 사전 조사 단계에서 활용

③ 마케팅 전략
- SEO(검색엔진최적화) 중심 키워드 설계
- 문제 해결형 글 구조 활용
- 전문성·경험 기반 콘텐츠 축적
- 상담·강의·제품 연결 구조 설계

2) 인스타그램 (이미지·릴스 중심 플랫폼)
→ **이미지 브랜딩 및 도달 확장 플랫폼**으로 기능한다.

① 구조적 특징
- 시각 중심 콘텐츠
- 해시태그 기반 검색 및 노출
- 릴스(숏폼) 알고리즘 추천 구조

② 사용자 행동 특성
- 짧은 시간 소비
- 감성적·직관적 판단
- 브랜드 이미지 인식 중심

③ 마케팅 전략
- 카드뉴스형 정보 전달
- 일관된 피드 디자인 유지
- 해시태그 전략적 사용
- 릴스 활용 도달 확장

3) 페이스북 (관계 기반 플랫폼)
→ **관계 신뢰 확산 플랫폼**으로 분류된다.

① 구조적 특징

- 텍스트·링크 공유 강점
- 그룹·커뮤니티 기능
- 중장년층 사용자 비중 상대적 높음

② 사용자 행동 특성

- 관계 중심 확산
- 커뮤니티 기반 공유
- 사회적 신뢰 확인

③ 마케팅 전략

- 후기·활동 공유 중심 콘텐츠
- 지역 기반 네트워크 활용
- 커뮤니티 그룹 운영

4) 유튜브 (영상 검색·추천 플랫폼)

→ **전문성 구축 및 확장 플랫폼**이다.

① 구조적 특징

- 검색 + 추천 알고리즘 병행
- 영상 콘텐츠 중심

・광고 수익화 가능 구조

② 사용자 행동 특성
・학습·정보 습득 목적
・비교·리뷰 시청
・구독 기반 관계 형성

③ 마케팅 전략
・키워드 중심 제목·설명 설계
・썸네일 최적화
・쇼츠 병행 운영
・시청 지속 시간 관리

5) 숏폼(쇼츠·릴스)
→ **인지도 확보 가속 플랫폼**으로 분류된다.

① 구조적 특징
・15~60초 내외 영상
・알고리즘 추천 중심
・빠른 도달 가능

② 사용자 행동 특성

- 짧은 집중 시간
- 빠른 판단
- 반복 소비

③ 마케팅 전략

- 문제 제기 → 해결 제시 → 행동 유도 구조
- 강한 첫 3초 설계
- 핵심 메시지 단순화

2-3. 1인 창업과 SNS의 구조적 관계

1인창업은 소규모 자본과 개인 역량을 기반으로 상품·서비스·콘텐츠를 생산하여 수익을 창출하는 창업 형태다.

디지털 환경에서 1인 창업은 다음 구조를 따른다:

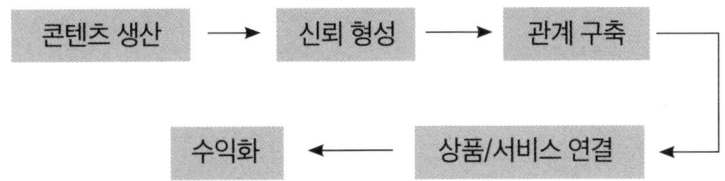

SNS는 이 구조에서 "콘텐츠 생산과 신뢰 형성의 핵심 통로" 역

할을 한다. 특히 검색 기반 플랫폼(블로그·유튜브)은장기적 자산 축적 구조를 제공한다.

2-4. 퍼스널 브랜딩의 개념과 중요성

1) 퍼스널 브랜딩 정의
퍼스널 브랜딩은 개인의 전문성·가치·이미지를 일관되게 표현하여 타인에게 특정 인식과 신뢰를 형성하는 전략적 활동이다. 이는 단순한 노출이 아니라 "일관된 메시지와 전문성의 축적" 과정이다.

2) 퍼스널 브랜딩의 필요성 (객관적 근거)
· 디지털 환경에서는 개인도 하나의 브랜드로 인식됨
· 검색 결과와 SNS 기록이 신뢰 판단 기준이 됨
· 전문성 기반 콘텐츠가 구매 결정에 영향
· 퍼스널 브랜딩은 팔로워 수가 아니라 **일관된 정체성과 문제 해결 능력**에서 형성된다.

3) 1인창업에서 퍼스널 브랜딩의 역할
· 퍼스널 브랜딩은 광고 비용 없이 신뢰를 형성하는 구조를 만든다.

AI를 활용한 디지털창의워크, 나만의 일을 만들다

- 브랜드가 형성되면: 가격 경쟁에서 벗어날 수 있음
- 반복 고객 확보 가능
- 확장(강의·전자책·컨설팅) 용이

2장

콘텐츠 기획의
구조와 전략적 선택

2-1. 콘텐츠 기획의 정의

콘텐츠 기획이란 단순히 '무엇을 만들까'를 정하는 과정이 아니라, **목표 → 타겟 → 주제 → 형식 → 플랫폼 → 수익 연결 구조**를 설계하는 전략적 과정이다.

즉, 콘텐츠 기획은 감각이 아니라 **설계 능력**이다.

2-2. "어떤 콘텐츠로 갈 것인가?"에 대한 전략적 판단 기준

콘텐츠 선택은 다음 3가지 요소를 동시에 고려해야 한다.

① 지속 가능성(Sustainability)

- 최소 6개월 이상 반복 생산 가능 여부
- 전문 지식·경험 기반 여부
- 일관된 메시지 유지 가능 여부

→ 단기 유행 콘텐츠는 지속성에서 불리하다.

② 차별성(Differentiation)

- 이미 포화된 영역인지 여부
- 동일 주제 내에서 나만의 관점이 있는지

AI를 활용한 디지털창의워크, 나만의 일을 만들다

- 경험 기반 스토리가 있는지
→ 차별성은 "주제"가 아니라 "관점"에서 나온다.

③ 확장성(Scalability)

- 강의·전자책·상품으로 연결 가능한가
- 플랫폼 확장이 가능한가
- 수익 구조로 연결 가능한가
→ 1인창업을 목표로 한다면 확장성은 필수 요소다.

2-3. 나에게 맞는 콘텐츠를 찾는 방법

객관적 판단을 위해 다음 4단계 점검이 필요하다.

1단계: 경험 자산 분석

다음 항목을 점검한다.
① 5년 이상 지속한 활동
② 타인에게 자주 질문받는 분야
③ 실제로 성과를 경험한 영역

2단계: 문제 해결 가능성 점검

콘텐츠는 정보가 아니라 문제 해결이다.

질문: 이 주제로 누군가의 문제를 해결할 수 있는가?

검색될 가능성이 있는가?

반복 질문이 존재하는가?

3단계: 시장성 확인

① 검색량 존재 여부

② 경쟁 콘텐츠 존재 여부

③ 수익 연결 사례 존재 여부

→ 완전 무경쟁은 시장이 없을 가능성이 있다.

→ 과포화는 차별 전략이 필요하다.

4단계: 나의 정체성과의 일치성

① 이 콘텐츠를 1년 이상 말할 수 있는가?

② 나의 가치관과 충돌하지 않는가?

③ 타인의 시선을 의식하지 않고 지속 가능한가?

→ 지속되지 않는 콘텐츠는 실패 확률이 높다.

2-4. 트렌드 중심 콘텐츠 vs 퍼스널 정체성 중심 콘텐츠

① 트렌드 중심 콘텐츠 특징

• 빠른 노출 가능

AI를 활용한 디지털창의워크, 나만의 일을 만들다

- 단기 도달 유리
- 유행 의존성 높음
- 장점: 초기 구독자 확보 용이, 알고리즘 노출 가능성 증가
- 단점: 지속성 낮음, 전문성 축적 어려움, 브랜드 정체성 약화 가능성

② 퍼스널 정체성 중심 콘텐츠

- 특징: 일관된 주제 유지, 전문성 축적 가능, 장기 신뢰 형성
- 장점: 브랜딩 강화, 확장성 우수, 가격 경쟁 탈피 가능
- 단점: 초기 성장 속도 느릴 수 있음

2-5. 객관적이고 타당한 콘텐츠 방향 설정 방법

가장 타당한 전략은 다음의 혼합 전략(Hybrid Strategy)이다. 정체성 중심 콘텐츠를 기반으로 하되, 트렌드를 보조 요소로 활용한다. 구조는 다음과 같다.

기본 축 (정체성 콘텐츠 70%)

\+

보조 축(트렌드 콘텐츠 30%)

이 방식은   ① 브랜드 일관성 유지

② 초기 도달 확보

③ 장기 확장성 확보

를 동시에 달성할 수 있다.

2-6. 콘텐츠 기획의 최종 점검 공식

콘텐츠는 다음 4요소가 모두 충족되어야 한다.

① 내가 지속할 수 있는가

② 타인의 문제를 해결하는가

③ 시장성이 존재하는가

④ 수익 구조로 연결 가능한가

이 네 가지가 충족될 때 콘텐츠는 취미가 아니라 **사업 자산**이
된다.

📌 이것만은 꼭 알고 가기

❶ 콘텐츠는 감각이 아니라 설계다.

❷ 트렌드는 전략적으로 활용하되 의존하지 않는다.

❸ 정체성 중심 콘텐츠가 장기적으로 유리하다.

❹ 1인 창업을 목표로 한다면 확장성 점검이 필수다.

콘텐츠 방향 설정 체크리스트 (점수화 표)

▪ 사용 방법

각 문항에 대해 1~5점 체크 점수 합산 후 해석 기준 적용, 총점 100점 만점

① 지속 가능성 평가표

번호	평가 항목	1	2	3	4	5	점수
1	명확한 타겟 존재	☐	☐	☐	☐	☐	
2	검색 가능성 있음	☐	☐	☐	☐	☐	
3	반복 질문 영역	☐	☐	☐	☐	☐	
4	초보자 설명 구조 있음	☐	☐	☐	☐	☐	
5	사례 제시 가능	☐	☐	☐	☐	☐	
	소계						/25

② 문제 해결 가능성 평가표

번호	평가 항목	1	2	3	4	5	점수
1	명확한 타겟 존재	☐	☐	☐	☐	☐	
2	검색 가능성 있음	☐	☐	☐	☐	☐	
3	반복 질문 영역	☐	☐	☐	☐	☐	
4	초보자 설명 구조 있음	☐	☐	☐	☐	☐	
5	사례 제시 가능	☐	☐	☐	☐	☐	
	소계						/25

③ 시장성 평가표

번호	평가 항목	1	2	3	4	5	점수
1	동일 분야 활동자 존재	☐	☐	☐	☐	☐	
2	유료 서비스 사례 있음	☐	☐	☐	☐	☐	
3	검색 키워드 존재	☐	☐	☐	☐	☐	
4	상품·강의 확장 가능	☐	☐	☐	☐	☐	
5	협업·광고 가능성 있음	☐	☐	☐	☐	☐	
	소 계						/25

④ 정체성 적합성 평가표

번호	평가 항목	1	2	3	4	5	점수
1	핵심 강점과 연결	☐	☐	☐	☐	☐	
2	자연스럽게 설명 가능	☐	☐	☐	☐	☐	
3	1년 이상 유지 가능	☐	☐	☐	☐	☐	
4	타인 시선과 무관	☐	☐	☐	☐	☐	
5	장기 목표와 일치	☐	☐	☐	☐	☐	
	소 계						/25

AI를 활용한 디지털창의워크, 나만의 일을 만들다

▪ 총점 계산표

구분	점수
지속가능성	____ / 25
문제 해결 가능성	____ / 25
시장성	____ / 25
정체성 적합성	____ / 25
총점	____ / 100

▪ 총점 해석 기준

총점 구간	판정
80~100	장기 브랜드 콘텐츠로 적합
65~79	전략 수정 후 운영 가능
50~64	트렌드 보조 콘텐츠 권장
49 이하	방향 재설계 필요

📌 이것만은 꼭 알고 가기

❶ 정체성 중심 콘텐츠로 운영

❷ 트렌드 중심 콘텐츠로 테스트 운영

❸ 하이브리드 전략 (70:30 비율)

❹ 재설계 후 재평가

3장

LLM 기반 AI 활용법

3-1. LLM(Large Language Model)의 개념

LLM은 "Large Language Model(대규모 언어 모델)"의 약자다. 대량의 텍스트 데이터를 사전 학습(pre-training)한 뒤, 문맥을 이해하고 다음 단어를 예측하는 방식으로 문장을 생성하는 인공지능 모델이다. 기술적 기반은 다음과 같다.

① Transformer 아키텍처 기반
② Self-Attention 메커니즘 사용
③ 확률적 다음 토큰 예측 방식
④ 대규모 파라미터 학습

- LLM은 단순 검색이 아니라 입력된 문맥을 이해한 뒤 **확률 기반 생성**을 수행한다.

3-2. GPT (OpenAI)

1) 개요

GPT는 OpenAI가 개발한 LLM 계열모델이다. "Generative Pre-trained Transformer"의 약자이며, 대규모 텍스트 데이터를 학습한 후 다양한 작업에 적용된다.

AI를 활용한 디지털창의워크, 나만의 일을 만들다

2) 기술적 특징

① Transformer 기반 언어 모델

② 대화형 최적화 모델(RLHF 적용)

③ 멀티모달 기능 지원(텍스트·이미지 등)

④ API 및 확장 생태계 활성화

3) 강점

① 자연스러운 대화 능력

② 구조화된 글쓰기 능력 우수

③ 콘텐츠 초안 작성에 강점

④ 프롬프트 설계에 따른 결과 품질 안정성

⑤ 외부 도구 연동(API 확장성)

4) 특화 영역

① 블로그 초안 작성

② 마케팅 문안 제작

③ 강의 자료 구성

④ 콘텐츠 아이디어 확장

⑤ 대화형 학습 보조

■ GPT는 "문장 구조화"와 "논리적 흐름 구성"에서 강점이 있다.

3-3. Gemini (Google)

1) 개요

Gemini는 Google DeepMind가 개발한 LLM 기반 AI 모델이다.
기존 Bard를 대체하며, Google 검색·문서·클라우드와 연동된다.

2) 기술적 특징

① 멀티모달 설계(텍스트·이미지·음성 이해)
② Google 검색 인프라와 통합
③ 실시간 정보 접근 강점
④ Google Workspace 연동

3) 강점

① 최신 정보 검색 기반 응답
② 데이터 요약 능력
③ 구글 문서·스프레드시트 연동
④ 복합 정보 처리 능력
⑤ 멀티모달 입력 해석

4) 특화 영역

① 최신 뉴스 요약
② 데이터 분석 요약

AI를 활용한 디지털창의워크, 나만의 일을 만들다

③ 구글 문서 기반 협업

④ 리서치 보조

⑤ 표·정보 정리

- Gemini는 "정보 탐색 및 요약"과 "구글 생태계 연동"에 강점이 있다.

3-4. GPT와 Gemini 비교 분석

1) 개요

구분	GPT	Gemini
개발사	OpenAI	Google DeepMind
기술 기반	Transformer	Transformer
멀티모달	지원	지원
강점	글쓰기·구조화	정보 검색·요약
생태계	API 확장성 우수	Google 연동 강점
콘텐츠제작	매우 우수	우수
리서치 보조	우수	매우 우수

3-5. 전략적 활용 구분

① 콘텐츠 제작 중심 작업 → GPT가 적합
- 블로그 글쓰기
- 스크립트 작성
- 마케팅 카피
- 기획안 초안

② 정보 조사 및 데이터 기반 작업 → Gemini가 유리
- 최신 정보 확인
- 자료 요약
- 표 정리
- 리서치 초안

3-6. 실전 활용 전략

가장 타당한 방법은 도구 병행 활용이다.

예시 구조:

① Gemini → 최신 정보 조사

② GPT → 콘텐츠 구조화 및 문장 정리

③ 사용자 → 최종 검증 및 수정

LLM은 도구이며, 최종 판단은 인간의 검증을 거쳐야 한다.

3-7. LLM 활용 시 주의점

① 사실 오류 가능성 존재

② 확률 기반 생성 모델임

③ 실시간 검증 필요

④ 저작권·윤리 문제 고려 필요

▪ LLM은 자동 생성 도구이지, 판단 주체가 아니다.

📌 이것만은 꼭 알고 가기

❶ LLM은 확률 기반 언어 생성 모델이다.

❷ GPT는 콘텐츠 구조화와 문장 생성에 강점이 있다.

❸ Gemini는 정보 탐색과 구글 생태계 연동에 강점이 있다.

❹ 두 도구는 경쟁이 아니라 보완 관계다.

❺ 인간의 방향성과 검증이 필수다.

4장

블로그의
구조적 이해와 전략

4-1. SEO(Search Engine Optimization)의 기본 구조

SEO는 검색엔진 최적화 전략이다.

검색엔진은 **크롤링 → 색인(Indexing) → 랭킹(Ranking)** 과정을 통해 콘텐츠를 노출한다.

핵심 개념

- 크롤링: 검색엔진이 웹페이지를 수집
- 색인(Indexing): 수집된 정보를 데이터베이스에 저장
- 랭킹(Ranking): 검색 질의에 따라 노출 순서 결정

  블로그는 검색 기반 플랫폼이므로 SEO 이해는 필수다.

4-2. 검색 알고리즘의 핵심 요소

검색엔진은 다음 요소들을 종합적으로 평가한다.

① 키워드 관련성(Relevance)

② 콘텐츠 품질

③ 사용자 경험(UX)

④ 페이지 체류시간

⑤ 이탈률(Bounce Rate)

AI를 활용한 디지털창의워크, 나만의 일을 만들다

⑥ 페이지 구조

검색 알고리즘은 단순 키워드 반복이 아니라 **사용자 만족도 중심 평가**로 발전해왔다.

4-3. 검색 의도 (Search Intent)

검색 의도는 사용자가 해당 키워드를 검색한 목적이다.

① 정보 탐색형 (Informational)

② 탐색/비교형 (Navigational)

③ 거래형 (Transactional)

④ 상업적 조사형 (Commercial Investigation)

블로그 글은 반드시 검색 의도와 일치해야 한다.

예: "AI 활용법" → **정보 탐색형**

"AI 강의 추천" → **상업적 조사형**

의도 불일치 콘텐츠는 상위 노출이 어렵다.

4-4. 콘텐츠 구조화 전략

검색엔진은 구조화된 콘텐츠를 선호한다. 기본 구조는 다음과 같다.

① 제목(H1)

② 소제목(H2, H3)

③ 문단 분리

④ 목록(리스트)

⑤ 강조 문장

구조화는 가독성 + 알고리즘 이해도 향상에 기여한다.

4-5. 체류시간과 이탈률

✔ 체류시간(Dwell Time)

사용자가 페이지에 머무는 시간. 길수록 콘텐츠 만족도가 높다고 판단될 가능성이 있다.

✔ 이탈률(Bounce Rate)

한 페이지만 보고 사이트를 떠나는 비율. 높을 경우 콘텐츠 매력도 또는 구조 문제가 있을 가능성이 있다.

4-6. E-E-A-T 개념

Google이 제시한 품질 평가 기준.

① Experience (경험)

AI를 활용한 디지털창의워크, 나만의 일을 만들다

② Expertise (전문성)

③ Authoritativeness (권위)

④ Trustworthiness (신뢰성)

블로그는 단순 정보가 아니라 경험 기반 콘텐츠일수록 평가가 높아질 가능성이 있다.

4-7. 키워드 전략

✔ 키워드 유형(메인 키워드, 서브 키워드, 롱테일 키워드)

롱테일 키워드는 경쟁이 낮고 구체적 검색 의도를 반영한다.

예: "AI" → 경쟁 높음

"중장년 AI 활용 강의" → 롱테일 키워드

4-8. 내부링크 구조

내부링크는 블로그 내 다른 글과 연결하는 구조다. 다음과 같은 효과를 갖는다.

① 체류시간 증가

② 검색엔진 크롤링 효율 향상

③ 주제 전문성 강화

4-9. 전환 설계 (CTA: Call To Action)

블로그의 최종 목적은 행동 유도다.

① 상담 신청

② 강의 안내

③ 전자책 다운로드

④ 구독 유도

CTA는 글의 흐름 속에 자연스럽게 배치되어야 한다.

4-10. 블로그의 전략적 위치

① 장기 자산화 가능

② 검색 기반 유입 확보

③ 전문성 축적 구조 형성

④ 1인창업 수익 연결 허브 역할

즉, 블로그는 **디지털창의워크의 핵심 기반 플랫폼**이다.

📌 이것만은 꼭 알고 가기

❶ 블로그는 '검색 플랫폼'이다.

❷ 검색 의도(Search Intent)가 가장 중요하다.

❸ SEO는 키워드 반복이 아니다.(키워드 관련성, 콘텐츠 품질, 사용자 만족도를 고려)정보 탐색과 구글 생태계 연동에 강점이 있다.

❹ E-E-A-T는 신뢰의 기준이다.

❺ 체류시간과 이탈률은 품질 지표다.

❻ 내부링크는 전문성을 만든다.

❼ CTA(행동 유도)가 없으면 수익이 없다.

5장

구매유도형 글쓰기 구조와 CTA 설계 전략

5-1. 구매유도형 글쓰기의 본질

구매유도형 글쓰기의 목적은 단 하나다.
"읽게 하는 것"이 아니라 "행동하게 하는 것"
여기서 핵심 지표는 전환율(Conversion Rate)이다.

✔ 전환율 공식

전환율 = (목표 행동 수 ÷ 방문자 수) × 100

목표 행동에는 다음과 같은 것이 있다.

① 상담 신청

② 강의 등록

③ 구매

④ 다운로드

⑤ 구독

5-2. 구매유도형 글쓰기의 대표 구조

① AIDA 모델 (가장 오래된 검증 모델)

Attention(주의 끌기), Interest(관심 유도), Desire(욕구 형성), Action(행동 유도) 광고·세일즈 글쓰기에서 100년 이상 활용된 구조다.

실전 적용 예:

| 제목 | → | 문제 제기 | → | 해결 가능성 제시 | → | 행동 제안 |

② PAS 모델 (문제 중심 설득 구조)

· Problem (문제 제시)

· Agitate (문제 심화)

· Solution (해결책 제시)

디지털 마케팅에서 높은 반응률을 보이는 구조다.

예: "조회수가 오르지 않으시나요?"

  → "지금 방식이 잘못됐을 수 있습니다."

  → "이 구조로 다시 설계해보세요."

5-3. 전환율에 영향을 미치는 심리 원칙

로버트 치알디니의 설득 이론은, 디지털 마케팅에서 광범위하게 활용된다.

① 사회적 증거(Social Proof)

사람은 다수가 선택한 것을 신뢰하는 경향이 있다.(수강생 후기, 수치 공개, 사용 사례 등) → 실제 마케팅 실험에서는후기 및 사용자 리뷰가 포함된 페이지가 전환율이 상승하는 사례가 반복적으로 보고된다.

② 희소성 원칙 (Scarcity Principle)

"한정 수량" "마감 임박" 등의 문구는 결정 지연을 줄인다.

한정성 메시지는 구매 속도를 증가시키는 경향이 있다.

③ FOMO (Fear Of Missing Out)

놓칠 것에 대한 두려움은 행동을 가속화한다.

(오늘 마감, 선착순 20명, 이번 기수 마지막 등)

5-4. CTA 설계의 핵심 이론

CTA는 단순 버튼이 아니다. **전환 설계의 최종 관문**이다.

① 버튼 문구 최적화

행동 중심 동사 사용이 중요하다.

· 비효율 문구(제출, 클릭)

· 효율 문구(지금 무료로 시작하기, 상담 신청하기, 강의 자리 확

보하기) → 구체적 동사 + 이익 제시가 전환에 유리하다.

② CTA 위치 전략

연구 및 실무 데이터에서 확인되는 경향:

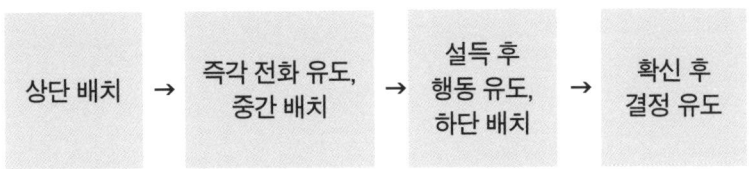

가장 안정적인 구조는 **중간 + 하단 이중 배치 전략**이다.

③ 색상 심리

색상은 클릭률에 영향을 줄 수 있다.

· 빨강: 긴급성

· 주황: 행동 유도

· 초록: 안전·신뢰

· 파랑: 안정감

중요한 점은 배경 대비(Contrast)다. CTA는 시각적으로 '눈에 띄어야' 한다.

④ 클릭률(CTR)과 문구 길이

CTR(Click Through Rate)은 노출 대비 클릭 비율이다.

짧고 명확한 문구가 유리한 경우가 많지만, 이익이 명확한 경우는 다소 길어도 효과적이다.

예: "무료 체험" < "7일 무료 체험 시작하기"

→ 구체성이 전환에 기여한다.

5-5. 구매 유도형 글쓰기 공식

① 문제 제기

② 공감 형성

③ 해결 가능성 제시

④ 구체적 방법 안내

⑤ 증거 제시

⑥ 행동 유도

이 6단계 구조는 교육·강의·컨설팅 분야에서 특히 효과적이다.

5-6. 전환율을 높이는 추가 전략

✔ **숫자 사용** → "3단계 방법" "10주 완성"

✔ **구체성 강조** → "한 달 안에 블로그 구조 완성"

✔ **위험 제거** → 환불 보장 / 무료 체험

✔ **명확한 대상 제시** → "50대 경단녀 대상"

5-7. 1인 창업과 구매 유도 글쓰기의 연결

1인 창업 구조는 다음과 같다.

콘텐츠	→	신뢰	→	관계	→	전환	→	반복 구매

여기서 '전환'이 일어나지 않으면, 브랜딩은 매출로 이어지지 않는다.

구매 유도형 글쓰기는 브랜드를 수익 구조로 연결하는 기술이다.

5-8. 행동유도 문구(CTA) 설계 예시

행동유도 문구는 단순 버튼 문장이 아니라 **전환 설계의 마지막 설득 단계**다. CTA는 반드시 다음 3요소를 포함해야 한다.

① 구체적 행동 동사

② 기대 이익

③ 긴급성 또는 명확성

(1) 기본형 CTA (행동 중심)

✔ 지금 신청하기

✔ 무료 체험 시작하기

✔ 상담 예약하기

✔ 자료 다운로드하기

✔ 강의 등록하기

→ **특징**: 짧고 명확한 동사 중심 구조

(2) 이익 강조형 CTA

✔ 지금 신청하고 3단계 전략 받기

✔ 무료로 AI 활용 가이드 받아보기

✔ 블로그 구조 설계 템플릿 다운로드하기

✔ 10주 완성 로드맵 확인하기

→ AIDA의 Desire → Action 단계 강화

(3) 문제 해결형 CTA (PAS 구조 적용)

✔ 조회수 문제 해결하러 가기

✔ 매출 연결 전략 확인하기

✔ 전환율 높이는 구조 확인하기

✔ 내 콘텐츠 진단받기

→ Problem→ Agitate→ Solution 후 Action 유도

(4) 사회적 증거 결합형 CTA

✔ 이미 120명이 신청한 강의 참여하기

✔ 수강생 후기 확인하고 등록하기

✔ 검증된 전략 지금 적용하기

→ Social Proof 활용

(5) 희소성·긴급성 결합형 CTA

✔ 선착순 20명 마감 전 신청하기

✔ 오늘 마감, 지금 등록하기

✔ 이번 기수 마지막 참여하기

→ Scarcity + FOMO 적용

(6) 위험 제거형 CTA

✔ 무료 체험 후 결정하기

✔ 환불 보장으로 시작하기

✔ 부담 없이 상담 받아보기

→ 심리적 장벽 감소 전략

(7) 1인 창업형 CTA 예시 (실전 적용)

블로그 글 하단 예시:

✔ 나만의 콘텐츠 방향을 찾고 싶다면→ 무료 진단 신청하기

✔ AI 활용 10주 과정을 직접 경험해보고 싶다면→ 설명회 신청하기

✔ 1인 창업 구조를 구체적으로 알고 싶다면 → 자료집 다운로드하기 → 콘텐츠 → 신뢰 → 전환 구조 완성

(8) CTA 설계 공식 (교재용 정리)

효과적인 CTA는 다음 공식을 따른다.

행동 동사	+	구체적 이익	+	제한 요소(선택)

예: "지금 무료 가이드 받아보기"

"선착순 20명, 설명회 신청하기"

"블로그 전환 전략 확인하기"

(9) CTA 배치 전략 예시

구매유도형 글에서는 최소 2회 배치가 권장된다.

① 본문 중간 (설득 이후)

② 글 하단 (결정 단계)

강조 방법: 버튼형 시각 요소, 배경 대비 색상, 여백 확보

📌 이것만은 꼭 알고 가기

❶ 구매유도 글쓰기의 목표는 전환율이다.

❷ AIDA와 PAS는 검증된 설득 구조다.

❸ 사회적 증거·희소성·FOMO는 행동을 촉진한다.

❹ CTA는 구체적 동사 + 이익 제시가 핵심이다.

❺ 중간·하단 이중 배치 전략이 안정적이다.

❻ 전환 설계가 없으면 콘텐츠는 매출로 연결되지 않는다.

→ 1인 창업은 콘텐츠로 시작하지만 수익은 전환에서 발생한다. 구매유도 글쓰기는 브랜드를 매출로 연결하는 기술이다. CTA는 설득의 끝이 아니라 행동의 시작이다.

6장

블로그 수익
마케팅 구조

6-1. 블로그 수익화의 기본 원리

블로그 수익은 우연이 아니다.

다음 공식이 성립해야 한다.

| 트래픽 | × | 전환율 | × | 객단가 | = | 수익 |

예: 방문자 10,000명

전환율 2%

평균 판매액 50,000원

→ $10,000 \times 0.02 \times 50,000 = 10,000,000$원

따라서 수익은 ① 방문자 수, ② 전환 구조, ③ 상품 단가 이 3 요소의 조합이다.

6-2. 블로그 수익화 모델 5가지

(1) 제휴 마케팅(Affiliate Marketing)

가. 구조

콘텐츠 → 제휴 링크 클릭 → 구매 발생 → 수수료 지급

나. 수익 방식

· CPS (Cost Per Sale): 판매당 수수료

- CPA (Cost Per Action): 특정 행동당 수수료
- CPC (Cost Per Click): 클릭당 수익

다. 특징

- 초기 상품 제작 불필요
- 신뢰 기반 추천 구조
- 리뷰형 콘텐츠에 적합

라. 실행 단계

- 관련 제휴 플랫폼 가입
- 실제 사용 후기 작성
- 비교형 콘텐츠 제작
- 자연스러운 링크 삽입

(2) 강의·컨설팅 연결 구조

가. 구조

정보 콘텐츠 → 전문성 인식 → 상담 신청 → 강의 등록

나. 핵심 요소

- 사례 제시
- 성과 데이터 공개
- 명확한 CTA

다. 특징

- 높은 객단가 가능
- 브랜드 기반 수익 구조

• 반복 매출 가능

(3) 리드 마그넷 전략

리드 마그넷은 "무료 자료 제공을 통해 연락처 확보" 전략이다.(무료 PDF 가이드, 체크리스트, 미니 강의)

가. 구조

블로그 방문 → 무료 자료 다운로드 → 이메일 확보 → 후속 마케팅

(4) 이메일 마케팅 연결 구조

이메일은 전환율이 높은 채널 중 하나다.

가. 구조

콘텐츠 → 이메일 수집 → 신뢰 구축 → 상품 제안

나. 장점

• 알고리즘 영향 적음

• 반복 노출 가능

• 장기 고객 확보

(5) 디지털 상품 판매

• 전자책

• 템플릿

• 온라인 강의

· 멤버십

가. 장점

· 재고 없음

· 반복 판매 가능

· 자동화 가능

6-3. 전환 퍼널(Funnel) 설계

블로그 수익은 퍼널 구조로 이해해야 한다.

가. 기본 퍼널

1단계: 인지 (콘텐츠 노출)

2단계: 관심 (정보 탐색)

3단계: 신뢰 (경험·후기)

4단계: 전환 (구매·신청)

5단계: 재구매 (관계 유지)

퍼널이 없으면 수익은 불안정하다.

6-4. 평균 전환율 이해

· 일반적으로: 랜딩페이지 전환율: 1~5% 범위

· 이메일 구독 전환율: 2~10% 범위

· 제휴 링크 전환율: 0.5~5% 범위

(업종·타겟에 따라 다름) 전환율은 개선 대상이지, 고정 수치가 아니다.

6-5. 실전 단계별 실행 구조 (초보자용)

STEP 1. 주제 확정

경험 기반, 문제 해결형, 시장성 확인

STEP 2. 트래픽 확보

SEO 기반 글 20개 이상 축적, 롱테일 키워드 활용, 내부링크 연결

STEP 3. 리드 확보

무료 자료 1개 제작, 이메일 수집 구조 설계, CTA 배치

STEP 4. 저가 상품 연결

전자책 또는 템플릿, 3~5만원대 강의

STEP 5. 고가 상품 연결

심화 과정, 컨설팅, 오프라인 프로그램

6-6. 수익 다각화 전략

블로그 수익은 단일 구조가 아니라, 다층 구조가 안정적이다.

AI를 활용한 디지털창의워크, 나만의 일을 만들다

예: ① 제휴 상품, ② 온라인 강의, ③ 전자책, ④ 기업 협업
⑤ 멤버십

수익원 3개 이상 확보가 권장된다.

6-7. 실패하는 구조의 특징

✔ 트래픽만 많고 전환 구조 없음
✔ CTA 부재
✔ 상품 연결 없음
✔ 신뢰 데이터 부족

콘텐츠만 있고 퍼널이 없으면 수익은 발생하지 않는다.

📌 이것만은 꼭 알고 가기

❶ 트래픽은 시작일 뿐이다.
❷ 퍼널 설계가 핵심이다.
❸ 리드 확보 구조가 있어야 한다.
❹ 단가를 높이면 수익이 급격히 상승한다.
❺ 자동화 구조가 장기적으로 유리하다.

7장

인스타그램에 대한 이해와 해시태그 마케팅 전략

7-1. 인스타그램은 "관계 + 관심사 알고리즘" 플랫폼이다

인스타그램은 단순 사진 공유 플랫폼이 아니다. 현재는 **추천 알고리즘 기반 관심사 플랫폼**이다.

노출은 다음 요소에 의해 결정된다.

① 계정 간 상호작용 빈도

② 콘텐츠 참여율(좋아요·댓글·저장·공유)

③ 시청 유지 시간

④ 유사 관심사 사용자 반응

즉, 팔로워 수보다 참여율(Engagement Rate)이 더 중요하다.

7-2. 피드·릴스·스토리의 구조적 차이

① 피드 (Feed)

- 기존 팔로워 중심 노출
- 이미지·카드뉴스·짧은 영상
- 브랜드 정체성 구축용
- → 목적: 신뢰와 일관성 유지

② 릴스 (Reels)

- 비팔로워 추천 노출 비중 높음

AI를 활용한 디지털창의워크, 나만의 일을 만들다

- 짧은 영상 중심
- 도달 확장에 유리
→ 목적: 신규 유입 확보

③ 스토리 (Stories)

- 기존 팔로워 대상
- 24시간 유지
- 설문·질문·링크 기능
→ 목적: 관계 강화 및 전환 유도

7-3. 도달(Reach)과 참여율(Engagement Rate) 이해

① 도달(Reach)

게시물을 본 고유 계정 수
→ 인지도 지표

② 참여율 공식

> 참여율 = (좋아요 + 댓글 + 저장 + 공유) ÷ 도달 수 × 100

참여율이 높으면 , 알고리즘이 "유용한 콘텐츠"로 판단할 가능성이 높다.

특히 최근에는 **저장(Save)**과 **공유(Share)** 지표의 중요성이 높아졌다.

7-4. 탐색탭(Explore) 노출 원리

탐색탭은 다음 기준을 따른다.
① 유사 관심사 사용자 반응
② 높은 초기 참여율
③ 특정 주제 일관성
④ 최근 활동성
즉, 일관된 주제 운영이 중요하다.

7-5. 해시태그의 구조적 역할

해시태그는 단순 장식이 아니다. 콘텐츠 분류 시스템이다. 해시태그는 다음 3가지 기능을 한다.
① 주제 분류
② 관심사 기반 노출
③ 탐색 검색 연결

7-6. 해시태그 유형 3가지

① 브랜드 태그

예: #조안아카데미 #디지털창의워크 → 개인 브랜드 축적용

② 니치 태그 (세부 타겟)

예: #중장년AI교육 #50대창업준비 → 경쟁이 낮고 타겟 명확

③ 광범위 태그

예: #마케팅 #인스타그램 → 노출은 빠르나 경쟁 치열

7-7. 해시태그 개수 전략

플랫폼은 최대 30개까지 허용한다.

실무에서는 보통: 10~20개 사용, 브랜드 2~3개, 니치 5~10개,
광범위 3~5개

→ 과도한 반복 태그는 효과가 낮을 수 있다.

7-8. 초보자를 위한 단계별 실행 전략

STEP 1. 주제 1개 확정

예: AI 교육

혼합 주제 운영은 알고리즘 불리

STEP 2. 릴스 중심 초기 성장

주 3회 이상 릴스 업로드, 15~30초 영상, 첫 3초 강한 메시지

STEP 3. 저장·공유 유도

예: "이 글 저장해두세요." "필요한 분께 공유하세요."

→ 알고리즘 가중치 상승 가능

STEP 4. 프로필 최적화

한 줄 가치 제안, 링크 1개 명확화, 하이라이트 정리

STEP 5. 스토리로 관계 강화

투표 기능 활용, Q&A, 후기 공유

7-9. 해시태그 실전 설계 예시

① 주제: 50대 AI 교육

② 브랜드: #조안쌤 #디지털창의워크

AI를 활용한 디지털창의워크, 나만의 일을 만들다

③ 니치:#50대AI #중장년디지털교육 #시니어창업

④ 광범위:#인스타마케팅 #AI활용

→ 혼합 전략 적용

7-10. 인스타그램에서 실패하는 유형

✔ 주제 혼합 운영

✔ 릴스 미활용

✔ 해시태그 무분별 사용

✔ 저장·공유 유도 없음

✔ CTA 부재

📌 이것만은 꼭 알고 가기

❶ 인스타그램은 참여율 중심 플랫폼이다.

❷ 릴스는 도달, 피드는 브랜딩, 스토리는 관계다.

❸ 저장·공유는 알고리즘 핵심 지표다.

❹ 해시태그는 브랜드·니치·광범위 혼합 전략이 필요하다.

❺ 일관된 주제 운영이 탐색탭 노출에 유리하다.

8장

페이스북 이해와 페이지·그룹 운영 전략, 지역 커뮤니티 마케팅 구조

8-1. 페이스북 알고리즘의 핵심 구조

페이스북은 현재 **의미 있는 상호작용(Meaningful Interaction)** 중심 알고리즘을 운영한다.

주요 평가 요소:

✔ 댓글 및 대화 길이

✔ 공유(특히 개인 타임라인 공유)

✔ 체류 시간

✔ 그룹 내 상호작용

✔ 동일 사용자 반복 반응

단순 '좋아요'보다 **댓글과 공유가 높은 가중치**를 가진다.

8-2. 페이지(Page) vs 그룹(Group) 운영 전략

① 페이지(Page)의 특징

✔ 브랜드 공식 채널

✔ 광고 집행 가능

✔ 인사이트 데이터 제공

✔ 유기적 도달률 낮은 편

※ 유기적 도달률(Organic Reach)

일반적으로 페이지 게시물의 유기적 도달률은 **팔로워의**

2~10% 수준으로 알려져 있다.(업종·참여율에 따라 차이 있음)

즉, 1,000명 팔로워 → 평균 20~100명 노출 가능성, 페이지는 광고 병행 전략이 필수적이다.

② 그룹(Group)의 특징

✔ 관심사 기반 커뮤니티

✔ 상호작용 중심 구조

✔ 유기적 도달률 높음

✔ 충성도 높은 사용자 형성 가능

그룹 게시물은 알고리즘상, 페이지보다 상대적으로 높은 노출을 보이는 경우가 많다. 특히 질문형 게시물, 토론형 게시물, 지역 이슈 공유는 댓글 반응이 높다.

8-3. 페이지 vs 그룹 전략 비교

구분	페이지	그룹
목적	브랜드 홍보	관계 형성
도달 방식	광고 + 일부 유기적	유기적 상호작용 중심
데이터 분석	상세 가능	제한적
수익 연결	광고·강의 연결	커뮤니티 기반 전환

※ 결론: 페이지는 브랜드, 그룹은 신뢰 형성 도구

8-4. 지역 커뮤니티 마케팅 구조

지역 마케팅은 "관계 기반"이다. 페이스북은 지역 타겟팅 광고 기능을 제공한다.

타겟 설정 예: 반경 5km, 특정 도시, 관심사 + 지역

8-5. 지역 커뮤니티 활성화 지표

지역 그룹에서 중요한 지표:

① 댓글 수

② 게시물당 참여 인원

③ 반복 참여자 비율

④ 오프라인 연결률

지역 기반 커뮤니티는 온라인 → 오프라인 연결이 핵심이다.

8-6. 콘텐츠 유형별 반응 차이

페이스북에서 반응이 높은 유형:

✔ 질문형 글

✔ 지역 정보 공유

AI를 활용한 디지털창의워크, 나만의 일을 만들다

- ✔ 후기 콘텐츠
- ✔ 실명 언급 후기
- ✔ 비교·추천 콘텐츠

반응이 낮은 유형:

- ✔ 단순 홍보 글
- ✔ 외부 링크만 포함된 게시물
- ✔ 이미지 없는 텍스트 광고

8-7. 페이스북 광고와 유기적 마케팅의 병행 전략

실무적으로는 다음 구조가 효율적이다.

① 그룹에서 신뢰 형성

② 페이지에서 브랜드 관리

③ 광고로 타겟 확대

④ 메신저 또는 링크로 전환

8-8. 초보자 실행 단계 (실전 구조)

STEP 1. 지역 그룹 1개 운영 또는 참여

주제 명확화, 지역명 포함 그룹명 설정, 주 3회 질문형 게시물

업로드

STEP 2. 페이지 개설
브랜드 설명 명확화, 프로필 통일성 유지, 후기 게시물 정리

STEP 3. 지역 타겟 광고 테스트
소액 예산 테스트, 반경 5km 설정, 관심사 + 연령 설정

STEP 4. 오프라인 연결
설명회, 소모임, 무료 특강

지역 마케팅의 핵심은 온라인 관계를 오프라인 전환으로 연결하는 것이다.

8-9. 실패하는 페이스북 운영 유형

- ✔ 페이지에 홍보 글만 게시
- ✔ 그룹을 광고판처럼 운영
- ✔ 질문 유도 없음
- ✔ 댓글 관리 미흡
- ✔ 오프라인 연결 부재

📌 이것만은 꼭 알고 가기

❶ 페이지는 브랜드, 그룹은 관계다.

❷ 페이지 유기적 도달은 낮은 편이다.

❸ 그룹은 참여 중심 구조다.

❹ 지역 마케팅은 관계 → 신뢰 → 오프라인 연결이 핵심
   이다.

❺ 댓글과 공유가 알고리즘에서 중요하다.

9장

유튜브에 대한 이해와 알고리즘, 마케팅 구조

9-1. 유튜브는 '검색 + 추천' 혼합 플랫폼이다

유튜브는 단순 SNS가 아니라 ① 검색 기반 플랫폼, ② 추천 알고리즘 플랫폼 두 구조가 동시에 작동한다.

유입 경로는 다음과 같다.

① 홈(Home) 추천

② 탐색(Explore)

③ 추천 동영상(Suggested)

④ 검색(Search)

⑤ 쇼츠 피드

⑥ 외부 유입

성공 채널은 특정 유입 경로에만 의존하지 않는다.

9-2. 유튜브 알고리즘의 핵심 지표

유튜브는 "클릭 후 만족도"를 평가한다. 핵심 지표는 다음과 같다.

① CTR (Click Through Rate)

· 클릭률 = 노출 대비 클릭 비율

CTR이 높으면 "썸네일·제목이 매력적"이라고 판단된다. 일반적 범위: 4~10% 사이가 흔한 범위(채널 규모·주제에 따라 차이)

② 평균 시청 지속 시간 (Average View Duration)

- 영상 하나당 평균 시청 시간.
- 영상 길이 대비 유지율이 중요하다.

③ 평균 시청률 (Audience Retention Rate)

- 시청률 = 시청 시간 ÷ 전체 영상 길이 × 100
- 유튜브는 "얼마나 오래 보았는가"를 중요하게 본다.

④ 세션 시간 (Session Time)

한 영상이 끝난 뒤 플랫폼에 얼마나 더 머무는지, 유튜브는 시청자를 플랫폼에 오래 붙잡는 채널을 선호한다.

9-3. 홈·추천·검색 노출 구조

① 홈(Home)

- 관심사 기반 추천
- 구독 여부와 무관
- 클릭률 + 시청 유지율 영향

② 추천 동영상(Suggested)

- 특정 영상과 유사한 콘텐츠 연결
- 연관성 높은 주제 중요

③ 검색(Search)

- 키워드 최적화 중요

- 제목·설명·태그 반영
- 유튜브는 검색엔진 기능도 수행한다.

9-4. 롱폼 vs 쇼츠 알고리즘 차이

① 롱폼(8분 이상 등 일반 영상)
- 중요 지표: 평균 시청 지속 시간, 시청률, 세션 연장 효과

② 쇼츠(Shorts)
- 중요 지표: 완시율, 반복 재생, 빠른 반응(좋아요·댓글)
- 쇼츠는 도달 확장에 유리하지만, 롱폼은 수익 구조에 유리하다.

9-5. 구독자 vs 비구독자 노출 메커니즘

유튜브는 구독자만 대상으로 하지 않는다. 실제 성장 채널은 비구독자 노출 비율이 높다.

성장 구조:
① 비구독자 추천 노출
② 클릭

AI를 활용한 디지털창의워크, 나만의 일을 만들다

③ 만족도 높음

④ 반복 추천

⑤ 구독 전환

9-6. 썸네일·제목 최적화 전략

① 썸네일 핵심 원칙

- 대비 강한 색상
- 3~5단어 이내 핵심 문구
- 얼굴 표정 활용
- 시선 집중 구조

② 제목 전략

- 검색 키워드 포함
- 궁금증 유발
- 숫자 활용
- 구체성 강조

예: "AI로 월 100만원 만드는 구조 공개"

9-7. 유튜브 수익화 구조

① 광고 수익 (AdSense)

조건: 구독자 1,000명, 시청시간 4,000시간(500/3,000시간,
   1,000/1,000만뷰) 또는 쇼츠 조건 충족

수익은 CPM(1,000회 노출당 수익) 기반

② 채널 멤버십 : 월 구독형 구조

③ 슈퍼챗 / 라이브 수익 : 실시간 후원 구조

④ 제휴 마케팅 : 설명란 링크 수익 구조

⑤ 브랜드 협찬 : 구독자 규모 + 신뢰도 기반

9-8. 유튜브 마케팅 퍼널

유튜브는 단순 조회수가 아니라, 퍼널 구조로 이해해야 한다.
조회수만 높고 외부 전환이 없으면, 비즈니스 성과는 제한적이다.

① 노출

② 클릭

③ 시청

④ 구독

⑤ 외부 전환

⑥ 반복 구매

AI를 활용한 디지털창의워크, 나만의 일을 만들다

9-9. KPI 설정 방법

채널 단계별 KPI가 다르다.

① 초기 단계

- CTR 5% 이상 목표
- 평균 시청률 40% 이상
- 업로드 일관성

② 성장 단계

- 구독 전환율
- 반복 시청자 비율
- 세션 확장

③ 수익화 단계

- RPM
- 외부 전환율
- 제휴 매출

9-10. 데이터 기반 성장 전략

- ✔ 썸네일 A/B 테스트
- ✔ 제목 수정 실험
- ✔ 시청 유지율 분석

✔ 30초 이탈 구간 개선

✔ 반복 포맷 설계

유튜브는 감각이 아니라 데이터 기반 개선 플랫폼이다.

📌 **이것만은 꼭 알고 가기**

❶ 유튜브는 CTR + 시청 유지율 중심 알고리즘이다.

❷ 쇼츠는 도달, 롱폼은 수익에 강하다.

❸ 세션 시간을 늘리는 채널이 유리하다.

❹ 조회수보다 퍼널 전환이 중요하다.

❺ 데이터 분석이 성장의 핵심이다.

10장

유튜브 채널배너의 중요성과 **모바일** **사진촬영**의 이해

10-1. 유튜브 채널배너(채널아트)의 중요성

채널배너는 단순 디자인 요소가 아니다. 유튜브에서 채널의 **브랜드 정체성을 한눈에 전달하는 공간**이다. 영상은 클릭 후 소비되지만, 배너는 클릭 이전의 '신뢰 형성'에 관여한다.

채널배너의 역할은 다음 3가지다.
① 채널의 정체성 선언
② 타겟 명확화
③ 기대 콘텐츠 제시

방문자는 3초 안에 판단한다.
"이 채널은 나를 위한 채널인가?"
배너가 그 질문에 답해야 한다.

10-2. 공식 규격과 안전영역 이해 (객관 기준)

① 유튜브 권장 크기: 전체 크기: 2560 × 1440px
② 핵심 메시지와 텍스트는, 반드시 중앙 안전영역 안에 배치해야 한다. 이 규격을 무시하면 모바일에서 잘려 보일 수 있다.

10-3. 콘텐츠에 맞는 채널배너란?

좋은 배너는 '예쁜 디자인'이 아니라 **콘텐츠 방향과 일치하는 디자인**이다.

① 교육 채널
- 신뢰감 있는 색상 (블루·네이비 계열)
- 명확한 타겟 문구 포함
- 과도한 장식 배제

② 감성·힐링 채널
- 부드러운 색감
- 여백 활용
- 이미지 중심 구성

③ 마케팅·비즈니스 채널
- 대비 강한 색상
- 숫자·성과 강조 문구
- 직관적 메시지

④ 브랜드 일관성
- 배너, 썸네일, 영상 톤이 일치해야 한다.
- 일관성은 반복 시청과 기억에 영향을 준다.

⑤ 메시지 명확성
- 배너는 광고판이 아니다.

- 핵심 질문: "이 채널은 무엇을 제공하는가?"

10-5. 채널배너와 전환의 관계

배너는 알고리즘 지표에 직접 반영되지는 않지만, 다음에 영향을 줄 수 있다.

① 구독 전환율

② 채널 체류 시간

③ 첫인상 신뢰도

즉, 간접적으로 성장에 영향을 준다.

10-6. 사진의 3요소 (노출 삼각형)

① ISO (감도) : 빛에 대한 센서 민감도

- 낮을수록 선명
- 높을수록 노이즈 증가

모바일에서는 어두운 환경에서 자동 상승하므로, 가능하면 밝은 환경 촬영이 유리하다.

② 셔터스피드 : 빛이 들어오는 시간

AI를 활용한 디지털창의워크, 나만의 일을 만들다

- 느리면 밝지만 흔들림 위험
- 빠르면 선명

촬영 시 두 손 고정 필수.

③ 조리개 : 빛의 양과 배경 흐림 결정.

모바일은 고정 조리개가 많으므로 인물모드 활용이 현실적 대안이다.

10-7. 촬영 시 반드시 숙지해야 할 5가지

① 렌즈 닦기
② 초점은 눈에 맞추기
③ 노출 조정 후 촬영
④ 자연광 활용 (측면광 권장)
⑤ 배경 단순화

빛이 품질의 70% 이상을 좌우한다.

10-8. 유튜브 채널 특성과 촬영 전략

유튜브는 모바일 시청 비율이 매우 높다.

따라서:

✔ 작은 화면에서도 선명해야 함

✔ 대비가 강해야 함

✔ 감정 표현이 명확해야 함

썸네일 촬영 시: 표정은 과장, 배경은 단순, 인물과 배경 색 대비 확보

📌 **이것만은 꼭 알고 가기**

❶ 채널배너는 브랜드 선언 공간이다.

❷ 안전영역을 반드시 준수해야 한다.

❸ 배너는 콘텐츠 방향과 일치해야 한다.

❹ 모바일 가독성이 가장 중요하다.

❺ 사진의 3요소 이해는 썸네일 경쟁력을 높인다.

❻ 빛과 대비가 클릭률에 영향을 줄 수 있다.

AI를 활용한 디지털창의워크, 나만의 일을 만들다

11장

유튜브 썸네일에 대한 이해, 중요성 및 전략

11-1. 썸네일의 본질: "클릭을 결정하는 1초의 설계"

유튜브에서 썸네일은 영상의 내용을 설명하는 이미지가 아니라, **클릭 여부를 결정하는 시각 자극 장치**다.

사용자는 평균적으로 여러 개의 영상 중 1~2초 내에 선택한다. 즉, 썸네일은 콘텐츠 이전 단계의 '마케팅 도구'다.

11-2. 썸네일과 CTR(클릭률)의 관계

CTR = 노출 대비 클릭 비율
영상이 노출되어도 클릭되지 않으면 성장은 멈춘다.

CTR에 영향을 미치는 주요 요소:
시각적 주목성, 감정 표현, 명확한 메시지, 색채 대비, 정보 간 결성 썸네일은 알고리즘 이전 단계에서 경쟁한다.

11-3. 시각적 주목성 이론 (Visual Attention)

사람의 시선은 다음 요소에 반응한다.
① 얼굴

② 눈동자

③ 강한 색 대비

④ 큰 글자

⑤ 움직임 암시

특히 인간은 얼굴과 눈에 자동 반응한다. 따라서 인물 중심 썸네일은 주목 가능성이 높다.

11-4. 얼굴 인식 효과와 감정 표현

심리학 연구에 따르면 감정이 드러난 얼굴은 중립적 얼굴보다 더 빠르게 인식된다.

유튜브 썸네일에서는:

✔ 놀람

✔ 분노

✔ 기쁨

✔ 강한 의문

등의 표정이 주목성을 높인다. 단, 과도한 연출은 신뢰도를 떨어뜨릴 수 있다.

11-5. 색채 전략과 대비

성공적인 썸네일은" 색 대비"가 강하다.

① 전략 :
- 배경과 텍스트 색 분리
- 명도 차이 확보
- 포인트 색상 1~2개 사용

예: 어두운 배경 + 밝은 노란 텍스트,
  푸른 배경 + 붉은 강조 요소
  색이 흐리면 스크롤 중 묻힌다.

11-6. 썸네일 A/B 테스트 개념

A/B 테스트란 두 가지 썸네일을 비교하여 CTR 차이를측정하는 방법이다.

① 실행 방법:
- 일정 기간 A안 사용
- 동일 영상에 B안 적용
- CTR 비교 분석

데이터 기반 개선이 중요하다.

11-7. 브랜드 일관성과 썸네일

브랜드 채널은 썸네일에 일관성이 있다.

① 동일 색감

② 동일 폰트

③ 동일 레이아웃 구조

일관성은 반복 시청자 형성에 유리하다. 랜덤 디자인은 브랜드 기억을 방해한다.

11-8. 클릭베이트와 신뢰도의 균형

클릭을 유도하는 자극적 문구는 단기적으로 CTR을 높일 수 있다. 그러나 내용과 불일치, 과장된 표현은 평균 시청률 하락으로 이어질 수 있다.

썸네일은 "궁금증 유발 + 내용 일치"가 이상적이다.

📌 이것만은 꼭 알고 가기

❶ 썸네일은 영상보다 먼저 평가받는다.

❷ CTR은 썸네일 설계에 크게 영향을 받는다.

❸ 얼굴과 감정은 시선을 끈다.

❹ 텍스트는 짧고 강하게.

❺ 색 대비는 강하게.

❻ 모바일 기준으로 설계해야 한다.

❼ 클릭 유도와 신뢰도 균형이 중요하다.

❽ 데이터 기반 개선(A/B 테스트)이 필요하다.

12장

유튜브 쇼츠의 이해와 롱폼·숏폼 SEO 전략, 키워드의 중요성

12-1. 유튜브 쇼츠의 이해

1) 쇼츠의 구조적 특징

쇼츠는 **피드 기반 소비 구조**를 가진다.

① 사용자가 검색하지 않아도 자동 추천

② 세로형 60초 이내 영상

③ 스와이프 기반 소비

④ 빠른 판단 → 빠른 이탈

즉, 쇼츠는 "검색"보다 "추천" 중심 플랫폼이다.

2) 쇼츠 노출 구조의 특징

쇼츠는 다음 요소에 영향을 받는다.

① 평균 시청 지속시간

② 완시율 (끝까지 시청 비율)

③ 반복 재생률

④ 초기 반응 속도

→ 특히 짧은 영상일수록 완시율과 반복 재생이 중요하다.

3) 쇼츠의 소비 심리

사용자는 쇼츠에서:

✔ 빠른 정보

✔ 강한 자극

✔ 감정 반응

✔ 즉각적 이해

를 기대한다. 따라서 **도입부 3초가 매우 중요하다**

12-2. 롱폼 SEO 전략

1) 검색 기반 유입 구조

롱폼은:검색 유입, 추천 유입,외부 유입 모두를 활용한다.
특히 검색형 콘텐츠는 키워드 최적화가 중요하다.

2) 롱폼 메타데이터 전략

✔ 제목에 핵심 키워드 포함

✔ 설명란에 상세 키워드 삽입

✔ 챕터 구분

✔ 태그 활용

제목은 자연스러우면서 검색어가 포함되어야 한다.

3) 롱폼 키워드 전략

① 문제 해결형 키워드

② 질문형 키워드

③ 비교형 키워드

④ 방법 제시형 키워드

예: "~하는 방법" "~비교" "~초보 가이드"

12-3. 숏폼 SEO 전략

쇼츠는 검색보다 추천 중심이지만, 메타데이터가 무의미한 것은 아니다.

1) 쇼츠 제목 전략

✔ 간결하게

✔ 핵심 단어 1~2개

✔ 강한 메시지

짧고 직관적이어야 한다.

2) 쇼츠 해시태그 전략

① 2~5개 이내

② 주제 핵심 태그 중심

③ 과도한 해시태그 지양

해시태그 남용은 오히려 집중도를 낮춘다.

3) 쇼츠 키워드 전략

쇼츠는: 트렌드 키워드, 감정 유발 키워드, 자극적 훅(Hook)

키워드가 효과적이다.

예: "충격" "몰랐던 사실" "단 10초"

12-4. 검색형 콘텐츠 vs 추천형 콘텐츠 전략

① **검색형 콘텐츠:** 문제 해결 중심, 구체적 키워드 포함, 지속적 유입 가능 → 롱폼에 유리

② **추천형 콘텐츠:** 감정 자극, 공감 유도, 트렌드 활용 → 쇼츠에 유리

12-5. 키워드 리서치 방법

키워드는 감이 아니라 데이터다.

1) 검색 자동완성 활용: 유튜브 검색창 자동완성, 연관 검색어 분석

2) 경쟁 영상 분석: 상위 영상 제목 구조 분석, 반복 등장 단어 확인, 조회수 대비 업로드 시기 확인

3) 질문형 키워드 탐색: "왜", "어떻게" " 비교",추천" 형태는 검색 의도가 강하다.

12-6. 트래픽 유입 구조 이해

유튜브 유입은 크게 3가지다.

① 검색

② 추천

③ 외부(블로그·SNS)

롱폼은 검색 + 추천, 쇼츠는 추천 중심이다.

12-7. 크로스 업로드 전략

전략적 구조: 롱폼 제작. 핵심 부분을 쇼츠로 재가공, 쇼츠에서 롱폼 유입 유도

쇼츠는 "관심 생성 도구", 롱폼은 "신뢰 구축 도구"다.

12-8. 데이터 기반 개선 방법

확인해야 할 지표:

롱폼: 클릭률, 평균 시청 지속시간, 시청 유지 그래프

쇼츠: 완시율, 반복 재생률, 구독 전환

→ 데이터를 기반으로 제목·썸네일·도입부를 수정한다.

12-9. 키워드의 중요성 정리

키워드는 검색 노출을 결정, 콘텐츠 방향을 규정, 타겟을 명확히 하고, 트래픽 구조를 만든다

키워드 없는 콘텐츠는 방향 없는 항해와 같다.

📌 **이것만은 꼭 알고 가기**

❶ 쇼츠는 추천 중심 소비 구조다.

❷ 롱폼은 검색형 SEO 전략이 중요하다.

❸ 숏폼은 훅과 감정이 중요하다.

❹ 키워드는 감이 아니라 데이터다.

❺ 롱폼은 신뢰 구축, 쇼츠는 유입 확대 역할을 한다.

❻ 크로스 전략이 가장 효율적이다.

13장

유튜브 실시간 라이브의 이해와 활용 전략

13-1. 유튜브 라이브(YouTube Live)의 이해

1) 유튜브 라이브란?

유튜브 라이브는 실시간으로 영상과 음성을 송출하고 시청자와 즉각적으로 소통할 수 있는 기능이다.

① 특징:

- 실시간 채팅
- 실시간 반응
- 즉각적 피드백
- 아카이브 저장 가능

즉, 녹화 영상과 달리 **양방향 구조**다.

13-2. 유튜브 라이브의 구조와 기능

① 실시간 채팅 기능

- 시청자 즉각 반응
- 질문 수집 가능
- 참여도 상승

② 슈퍼챗(Super Chat)

- 시청자가 금액을 지불하고 메시지를 강조
- 수익화 기능

AI를 활용한 디지털창의워크, 나만의 일을 만들다

- 팬 충성도 지표

③ 채널 멤버십

- 월 구독 기반 후원 구조
- 멤버 전용 라이브 가능
- 커뮤니티 강화 도구

④ 라이브 아카이브

- 종료 후 일반 영상으로 저장
- 검색 및 추천 노출 가능
- 재활용 가능

13-3. 왜 유튜브 라이브가 필요한가?

① 신뢰 형성 효과

라이브는 편집이 없다.(실시간 대응, 즉각적 답변, 인간적 실수 포함) 이 요소가 진정성과 신뢰를 만든다.

② 커뮤니티 형성

실시간 채팅은 시청자 간 상호작용을 촉진한다.

이 과정에서 "팬"이 형성된다.

③ 전환율 상승

라이브는 다음에 유리하다.

- 강의 판매

- 전자책 홍보
- 제품 런칭
- 프로그램 모집
- 실시간 설명은 설득력을 높인다.

④ 체류시간 증가
- 라이브는 평균 시청 시간이 길다. 이는 채널의 총 시청 시간 증가에 기여한다.

13-4. 라이브의 활용 유형

① 교육형 라이브
- 실시간 강의
- 질문 응답
- 실습 지도
- 전문가 브랜딩에 적합

② Q&A 라이브
- 구독자 질문 해결
- 신뢰 형성

③ 제품/서비스 런칭
- 실시간 데모
- 할인 이벤트

- 한정 판매
- 즉각 구매 유도 가능

④ 이벤트형 라이브

- 기념 방송
- 인터뷰
- 콜라보
- 확산 효과 기대 가능

13-5. 실시간 상호작용의 심리적 효과

라이브는 심리적으로 현장감, 참여감, 소속감, 긴박감(FOMO)을 유발한다. 특히 FOMO는 행동을 촉진한다.

13-6. 라이브 수익 구조

① 슈퍼챗
② 슈퍼스티커
③ 멤버십
④ 외부 상품 판매 연결
⑤ 강의/프로그램 전환

· 라이브는 직접 수익 + 간접 수익, 모두 가능하다.

13-7. 라이브 사전 홍보 전략

효과적인 홍보 구조: 커뮤니티 게시판 예고, 쇼츠 티저 제작,
SNS 공유, 알림 설정 유도
→ 예고는 최소 3~5일 전이 이상적이다.

13-8. 라이브 아카이브 활용 전략

라이브 종료 후:제목 SEO 최적화, 챕터 구분 삽입, 쇼츠 클립 제
작, 블로그 요약 콘텐츠 제작
라이브는 "콘텐츠 원본 생산 기지"가 될 수 있다.

13-9. 라이브 전략의 핵심 정리

① 라이브는 관계 형성 도구다.
② 신뢰와 팬덤을 만든다.
③ 전환율을 높일 수 있다.

④ 교육, 런칭, 이벤트에 적합하다.

⑤ 사전 홍보와 사후 재가공이 중요하다.

⑥ 아카이브는 검색형 콘텐츠로 재활용 가능하다.

📌 **이것만은 꼭 알고 가기**

❶ 라이브는 관계 형성 도구다.

❷ 신뢰와 팬덤을 만든다.

❸ 전환율을 높일 수 있다.

❹ 교육, 런칭, 이벤트에 적합하다.

❺ 사전 홍보와 사후 재가공이 중요하다.

❻ 아카이브는 검색형 콘텐츠로 재활용 가능하다.

14장

유튜브 종료화면,
카드 기능,
채널 분석의 중요성

14-1. 종료화면(End Screen)의 이해

1) 종료화면이란?

영상 마지막 5~20초 구간에 다른 영상·재생목록·구독 버튼 등을 노출하는 기능이다. 종료화면은 "영상의 끝"이 아니라 "다음 행동을 설계하는 구간"이다.

2) 종료화면의 핵심 목적

- ✔ 다음 영상 시청 유도
- ✔ 재생목록 연결
- ✔ 구독 전환
- ✔ 외부 사이트 연결(조건 충족 시)

종료화면은 **전환 설계 장치**다.

14-2. 종료화면의 전략적 설계

① 내부 트래픽 흐름 설계

좋은 채널은 영상들이 서로 연결되어 있다.

예: A 영상 → B 영상 → C 영상

이 구조가 체류시간을 늘린다.

AI를 활용한 디지털창의워크, 나만의 일을 만들다

② 재생목록 연결 전략

- 재생목록은 연속 시청을 유도하는 구조다.
- 종료화면에서 개별 영상보다 재생목록 연결이 체류시간 증가에 유리할 수 있다.

③ 구독 전환 설계

- 단순히 구독 버튼을 넣는 것이 아니라 명확한 CTA 멘트, 영상 내용과 연결된 제안, 반복 강조가 필요하다.

14-3. 카드 기능(Cards)의 이해

1) 카드 기능이란?

영상 중간에 다른 영상, 재생목록, 링크 등을 삽입하는 기능이다.

2) 카드 기능의 목적

✔ 시청 이탈 방지
✔ 관련 영상 연결
✔ 특정 정보 보완

영상 중간에 "다음 행동"을 안내하는 역할을 한다.

3) 카드 삽입 전략

잘못된 카드 삽입은 시청을 방해할 수 있다.

전략적 위치: 설명 보완 지점, 관심 상승 구간, 질문 제시 직후
→ 너무 초반이나 잦은 사용은 지양해야 한다.

14-4. 내부 트래픽 설계의 중요성

유튜브 성장 구조는 단일 영상 조회수가 아니라 "채널 총 시청시간"이다.
내부 연결이 많을수록 : 체류시간 증가, 알고리즘 평가 향상 가능성, 구독 전환 상승이 기대된다.

14-5. YouTube Analytics의 이해

채널 분석은 감이 아니라 데이터다.
1) 핵심 지표
① 클릭률(CTR)
썸네일·제목 매력도 지표
② 평균 시청 지속시간
영상의 몰입도 지표
③ 시청자 유지 그래프
어느 구간에서 이탈하는지 확인 가능

④ 트래픽 소스 분석

검색, 추천, 외부 유입구조를 이해해야 전략 수정 가능

⑤ 구독 전환 분석

어떤 영상이 구독 전환을 유도하는지 파악

14-6. 데이터 기반 개선 구조

① CTR 낮음 → 썸네일·제목 수정

② 초반 이탈 높음 → 도입부 개선

③ 중간 이탈 구간 → 구조 재편

④ 내부 이동 적음 → 종료화면·카드 개선

데이터는 "수정 방향을 제시하는 도구"다.

14-7. 1인 창업과 채널 분석의 연결

1인 창업에서 중요한 것은

- 수익 구조
- 전환 구조
- 반복 고객

유튜브 분석은

✔ 어떤 콘텐츠가 수익 연결되는지

✔ 어떤 영상이 상담/강의로 이어지는지

✔ 어떤 키워드가 유입을 만드는지를 보여준다.

즉, 채널 분석은 사업 분석이다.

📌 이것만은 꼭 알고 가기

❶ 종료화면은 전환 설계 도구다.

❷ 카드 기능은 시청 흐름을 유지한다.

❸ 내부 트래픽 설계가 체류시간을 만든다.

❹ 분석은 감이 아니라 데이터다.

❺ 채널 분석은 곧 사업 분석이다.

❻ 데이터 기반 개선이 지속 성장의 핵심이다.

15장

유튜브 알고리즘
관리법과
반응도 지수의 이해

15-1. 유튜브 알고리즘의 본질

유튜브 알고리즘은 "좋은 영상"을 판단하지 않는다.

알고리즘은 **사용자가 오래 머무는 영상**을 선택한다.

핵심 기준은 단 하나다.

사용자가 플랫폼에 얼마나 오래 머무는가?

따라서 알고리즘 관리는 영상 기술이 아니라 **사용자 반응 관리**다.

15-2. 알고리즘은 무엇을 본다?

유튜브는 다음과 같은 신호를 종합적으로 분석한다.

✔ 클릭 여부

✔ 시청 지속 시간

✔ 시청 완료 비율

✔ 반복 시청

✔ 좋아요·댓글·공유

✔ 구독 전환

✔ 내부 이동(다음 영상 시청)

이 모든 것을 묶어 **"반응도 지수(Engagement Signals)"**라고 볼 수 있다.

AI를 활용한 디지털창의워크, 나만의 일을 만들다

15-3. 반응도 지수(Engagement Signals)란?

반응도 지수는 시청자가 영상에 얼마나 적극적으로 반응했는 지를 보여주는 지표다.

대표적 요소: ① CTR (클릭률), ② 평균 시청 지속시간, ③ 시청 자 유지율, ④ 좋아요·댓글, ⑤ 공유, ⑥ 구독 전환율, ⑦ 반복 시 청률 즉, 단순 조회수가 아니라 **행동의 질**이 중요하다.

15-4. CTR과 알고리즘의 관계

CTR이 높다는 것은 썸네일·제목이 매력적이라는 의미다.
하지만 CTR만 높고, 시청 지속시간이 낮으면, 알고리즘은 확장 을 멈춘다.

→ **클릭 + 유지**

두 요소가 함께 가야 한다.

15-5. 평균 시청 지속시간의 의미

영상 길이 대비 얼마나 오래 봤는가?

이 지표는 **콘텐츠 몰입도를 판단하는 핵심 요소**다.

초반 30초 이탈이 많으면 도입부 구조를 수정해야 한다.

15-6. 알고리즘 관리법 5단계

① 주제 명확화

② 썸네일·제목 최적화

③ 도입부 30초 설계

④ 중간 이탈 방지 구조

⑤ 종료화면 내부 연결

즉, 업로드 후 기도하는 것이 아니라 데이터를 보고 수정하는 과정이 필요하다.

📌 **이것만은 꼭 알고 가기**

❶ 알고리즘은 사용자의 반응을 본다.

❷ 조회수보다 반응의 질이 중요하다.

❸ CTR + 유지시간이 함께 가야 한다.

❹ 댓글·공유는 확산 신호다.

❺ 데이터 기반 개선이 핵심이다.

❻ 알고리즘은 관리의 대상이지 조작의 대상이 아니다.

AI를 활용한 디지털창의워크, 나만의 일을 만들다

디지털 창의워크 전문가 과정

기출예상문제

1장   AI개념과 디지털창의워크 이해

1. 블로그 플랫폼의 구조적 특징으로 옳은 것은? (2급)

   ① 영상 자동 추천 구조

   ② 검색 기반 노출 구조

   ③ 실시간 방송 중심

   ④ 오프라인 네트워크 기반

2. 인스타그램의 핵심 콘텐츠 형식은? (2급)

   ① 장문 기사

   ② 음성 중심 콘텐츠

   ③ 시각 중심 콘텐츠

   ④ 검색 광고

3. 디지털창의워크의 핵심 개념으로 가장 적절한 것은? (2급)

   ① 단순 SNS 활용 기술

   ② 영상 편집 능력 중심 활동

   ③ 개인의 경험과 관점을 디지털 콘텐츠로 구조화하는 능력

   ④ 팔로워 수 증가 전략

AI를 활용한 디지털창의워크, 나만의 일을 만들다

4. 유튜브 SEO에서 중요한 요소는? (2급)

① 촬영 장비 가격

② 제목·설명·키워드 최적화

③ 구독자 수

④ 댓글 수

5. 숏폼 콘텐츠의 효과적인 구조는? (2급)

① 긴 설명 중심

② 문제 제기 → 해결 제시

③ 광고 삽입 중심

④ 배경음악 반복

6. 1인 창업의 기본 수익 구조 흐름은? (1급)

① 광고 → 콘텐츠 → 구독

② 콘텐츠 → 신뢰 → 수익화

③ 팔로워 → 댓글 → 광고

④ 홍보 → 이벤트 → 판매

7. 퍼스널 브랜딩의 핵심 요소는? (2급)

① 팔로워 수

② 일관된 메시지

③ 광고 예산

④ 장비 수준

8. 검색 기반 플랫폼으로 분류되는 것은? (1급)

① 인스타그램

② 페이스북

③ 블로그

④ 카카오스토리

9. 페이스북의 구조적 강점은? (2급)

① 영상 편집

② 커뮤니티 확산

③ 검색 노출

④ 숏폼 추천

10. 퍼스널 브랜딩이 가격 경쟁에서 벗어나게 하는 이유는? (1급)

① 광고비 절감

② 차별화된 신뢰 형성

③ 콘텐츠 삭제

④ 알고리즘 변경

11. 1인 창업에서 SNS의 역할은? (1급)

① 오프라인 매장 대체

AI를 활용한 디지털창의워크, 나만의 일을 만들다

② 단순 홍보 수단

③ 콘텐츠와 신뢰 형성 통로

④ 광고 게시판

12. 대규모 데이터를 학습하여 새로운 텍스트·이미지 등을 생성하는 AI를 무엇이라 하는가? (2급)

정답:

13. AI가 학습 데이터를 기반으로 사실과 다른 정보를 생성하는 현상을 무엇이라 하는가? (1급)

정답:

14. AI가 인간의 지능을 모방하여 수행하는 대표적 기능 두 가지를 쓰시오. (1급)

정답:

2장 콘텐츠 기획

15. 콘텐츠 기획의 정의로 가장 적절한 것은? (2급)

① 영상 제작 기술을 익히는 과정

② 아이디어를 떠올리는 과정

③ 목표·타겟·형식·플랫폼을 설계하는 전략적 과정

④ 트렌드를 따라가는 과정

16. 콘텐츠 방향 설정 시 가장 먼저 고려해야 할 요소는? (1급)

① 최신 트렌드 키워드

② 촬영 장비 수준

③ 타겟과 문제 정의

④ 업로드 빈도

17. 다음 중 콘텐츠 방향 설정의 핵심 4요소에 해당하지 않는 것은? (2급)

① 지속 가능성

② 문제 해결 가능성

③ 촬영 장비 수준

④ 시장성

18. 지속 가능성이 낮은 콘텐츠의 특징은? (2급)

① 장기 운영 가능

② 반복 제작 가능

③ 유행 의존성 높음

④ 정체성 일치

19. 문제 해결 가능성이 높은 콘텐츠의 조건은? (2급)

① 개인적 일상 기록

② 반복 질문이 존재하는 주제

③ 광고 중심 콘텐츠

④ 추상적 메시지

20. 트렌드 중심 콘텐츠의 장점으로 적절한 것은? (2급)

① 장기 브랜드 축적

② 초기 노출 확보 용이

③ 전문성 축적 안정

④ 가격 경쟁 회피

21. 퍼스널 정체성 중심 콘텐츠의 강점은? (1급)

① 단기 조회수 상승

② 유행 의존성 강화

③ 전문성 축적 및 장기 신뢰 형성

④ 빠른 소모

22. 하이브리드 전략의 기본 구조는? (1급)

① 트렌드 100%

② 정체성 100%

③ 정체성 70% + 트렌드 30%

④ 무작위 혼합

23. 1인 창업 구조에서 콘텐츠의 역할은? (1급)

① 단순 홍보

② 신뢰 형성 통로

③ 광고 수단

④ 이벤트 도구

24. 시장성 판단 기준으로 적절한 것은? (1급)

① 좋아요 수

② 유료 서비스 사례 존재 여부

③ 촬영 장소

④ 구독자 연령

25. 다음 중 콘텐츠 방향 설정 공식에 가장 부합하는 것은? (1급)

① 시장성만 높으면 된다

② 트렌드만 따라가면 된다

③ 지속 가능성과 정체성이 우선되어야 한다

④ 광고비가 많으면 해결된다

26. 트렌드 중심 콘텐츠의 가장 큰 단점은 무엇인가? (2급)

정답:

27. GPT와 같은 LLM의 기본 작동 원리에 해당하는 것은?

① 이미지 생성 중심 모델

② 통계적 언어 예측 모델

③ 실시간 음성 번역 전용 모델

④ 검색 엔진 크롤링 모델

28. LLM의 약자는 무엇인가? (2급)

① Logical Learning Machine

② Large Language Model

③ Linear Language Method

④ Linked Learning Model

29. LLM의 기본 작동 원리는 무엇인가? (2급)

① 데이터 저장

② 다음 단어 확률 예측

③ 실시간 검색 복사

④ 이미지 변환

30. GPT의 약자로 올바른 것은? (2급)

① General Processing Tool

② Generative Pre-trained Transformer

③ Global Programming Transformer

④ Generated Pattern Token

31. GPT의 강점으로 가장 적절한 것은? (2급)

① 실시간 뉴스 검색

② 문장 구조화 및 글쓰기 능력

③ 오프라인 저장 기능

④ 영상 촬영 기능

32. Gemini의 강점으로 가장 적절한 것은? (2급)

① 영상 편집 기능

② 검색 기반 정보 요약

③ 오디오 녹음 기능

④ 촬영 장비 제어

33. GPT와 Gemini의 공통 기술 기반은? (1급)

① CNN

② Transformer 아키텍처

③ 블록체인

④ IoT

AI를 활용한 디지털창의워크, 나만의 일을 만들다

34. 콘텐츠 제작 중심 작업에 더 적합한 도구는? (1급)

① Gemini   ② GPT

③ 검색엔진   ④ 영상 편집 앱

35. 최신 정보 조사에 상대적으로 유리한 도구는? (1급)

① GPT   ② Gemini

③ 워드프로세서   ④ 스프레드시트

36. LLM 활용 시 가장 중요한 요소는? (1급)

① 자동 생성 기능

② 인간의 검증 과정

③ 빠른 출력 속도

④ 디자인 요소

37. GPT와 Gemini의 관계로 가장 적절한 것은? (1급)

① 완전 동일 기능

② 상호 대체 불가

③ 경쟁 관계만 존재

④ 상호 보완적 활용 가능

38. LLM의 기술적 핵심 구조는 무엇인가? (2급)

정답:

4장   블로그 이해

39. 검색엔진의 기본 작동 과정 순서로 옳은 것은? (2급)

① 색인 → 크롤링 → 랭킹

② 크롤링 → 색인 → 랭킹

③ 랭킹 → 크롤링 → 색인

④ 색인 → 랭킹 → 크롤링

40. 다음 중 '정보 탐색형(Search Intent)'에 해당하는 검색은? (2급)

① AI 강의 신청

② 디지털창의워크란 무엇인가

③ 강의 비용 비교

④ 전자책 구매

41. E-E-A-T 중 'Trustworthiness'에 해당하는 요소는? (2급)

① 글 길이

② 광고 수익

③ 출처 명시와 신뢰 가능한 정보 제공

④ 해시태그 수

AI를 활용한 디지털창의워크, 나만의 일을 만들다

42. 체류시간(Dwell Time)의 의미로 옳은 것은? (2급)

① 페이지 로딩 속도

② 사용자가 페이지에 머무른 시간

③ 댓글 수

④ 이미지 개수

43. 내부링크 전략의 주요 목적은? (2급)

① 외부 광고 연결

② 다른 사이트 홍보

③ 동일 블로그 내 콘텐츠 연결

④ SNS 공유

44. 다음 중 '상업적 조사형(Search Intent)'에 해당하는 것은? (1급)

① SEO란 무엇인가　　　② 블로그 만들기 방법

③ 블로그 강의 추천　　　④ 디지털창의워크 정의

45. SEO 관점에서 바람직한 콘텐츠 구조는? (1급)

① 문단 구분 없이 긴 글

② 제목·소제목·목록 구조 활용

③ 이미지 나열 중심

④ 광고 중심 구성

46. 이탈률(Bounce Rate)이 높은 경우 추정 가능한 문제는?
 (1급)
   ① 검색량 증가   ② 체류시간 증가
   ③ 사용자 기대와 콘텐츠 불일치   ④ 내부링크 증가

47. 롱테일 키워드의 특징은? (1급)
   ① 검색량이 매우 높다
   ② 단일 단어 구성
   ③ 구체적이고 경쟁이 상대적으로 낮다
   ④ 브랜드명 전용

48. CTA(Call To Action)의 핵심 목적은? (1급)
   ① 페이지 디자인 개선   ② 검색 순위 상승
   ③ 사용자 행동 유도   ④ 이미지 최적화

49. 블로그 SEO에서 장기적으로 검색 유입을 유지하는 콘텐츠
   유형은? (1급)
   ① 유행성 이슈 중심 글
   ② 감정 일기형 글
   ③ 문제 해결형 정보 콘텐츠
   ④ 사진 중심 짧은 글

50. 검색자의 목적에 따라 분류되는 개념을 무엇이라 하는가? (2급)

정답:

51. 블로그 내 다른 글과 연결하는 링크를 무엇이라 하는가? (1급)

정답:

5장   구매 유도 글쓰기

52. 전환율(Conversion Rate)의 계산 공식으로 옳은 것은?
(2급)

① 방문자 수 ÷ 전환 수 × 100

② 전환 수 ÷ 방문자 수 × 100

③ 클릭 수 ÷ 노출 수 × 100

④ 구매 수 ÷ 광고비 × 100

53. AIDA 모델의 올바른 순서는? (2급)

① Attention → Desire → Interest → Action

② Interest → Attention → Action → Desire

③ Attention → Interest → Desire → Action

④ Desire → Attention → Interest → Action

54. PAS 모델에서 'Agitate'의 의미는? (2급)

① 문제 해결

② 문제 확대·심화

③ 행동 유도

④ 가격 제시

55. CTA 설계 시 가장 중요한 원칙은? (2급)

① 추상적 표현 사용

② 행동을 구체적으로 제시

③ 길고 복잡한 설명

④ 모호한 문장 구성

56. 사회적 증거(Social Proof)의 예로 적절한 것은? (2급)

① 긴 설명문　　　　② 수강생 후기 공개

③ 가격 할인　　　　④ 색상 변경

57. 희소성 원칙이 작동하는 문구는? (2급)

① 언제든 신청 가능

② 한정 수량 마감 임박

③ 자유 참여

④ 상시 운영

58. FOMO 전략의 핵심 심리는? (1급)

① 안정감   ② 공감

③ 놓칠 것에 대한 두려움   ④ 가격 비교

59. 효과적인 CTA 문구의 특징으로 가장 적절한 것은? (1급)

① 추상적 표현

② 명사형 표현

③ 구체적 행동 동사 사용

④ 긴 설명 포함

60. CTA 버튼 배치 전략 중 가장 안정적인 방식은? (1급)

① 상단 1회 배치

② 하단 1회 배치

③ 중간과 하단 이중 배치

④ 랜덤 배치

61. 클릭률(CTR)의 의미로 옳은 것은? (1급)

① 방문 대비 구매 비율

② 노출 대비 클릭 비율

③ 전환 대비 클릭 비율

④ 광고비 대비 노출 비율

62. 다음 중 전환율을 높이는 요소로 가장 거리가 먼 것은? (1급)

　① 구체적인 수치 제시

　② 위험 요소 제거

　③ 명확한 대상 설정

　④ 키워드 반복 삽입

63. Attention-Interest-Desire-Action의 약자는? (2급)

　정답:

64. Problem-Agitate-Solution 구조의 약자는? (2급)

　정답:

65. 전환율을 의미하는 영어 용어는? (2급)

　정답:

66. '다른 사람들이 이미 선택했다'는 심리를 활용한 설득 원칙은? (1급)

　정답:

67. CTA 설계 시 가장 중요한 시각적 요소 한 가지를 쓰시오. (1급)

　정답 :

68. 제휴 마케팅 구조에서 전환율을 높이기 위한 전략으로 적절한 것은? (1급)

① 상품 링크만 반복 삽입

② 개인 사용 경험과 함께 제시

③ 링크를 글 맨 아래만 배치

④ 가격 정보 생략

69. 다음 중 전환율을 높일 가능성이 가장 높은 CTA 문구는? (2급)

① 클릭하세요

② 자세히 보기

③ 지금 무료 가이드 받아보기

④ 여기

70. CTA 버튼 설계 시 '대비(Contrast) 원칙'의 의미로 옳은 것은? (1급)

① 글자 수를 줄이는 것

② 버튼을 본문과 같은 색으로 배치하는 것

③ 배경과 명확히 구분되도록 시각적 차이를 두는 것

④ 버튼을 페이지 하단에만 배치하는 것

71. 다음 중 전환율(Conversion Rate)과 클릭률(CTR)의 차이를 올바르게 설명한 것은? (1급)

① 두 지표는 동일하다.

② CTR은 구매 완료 비율이다.

③ 전환율은 방문 대비 행동 비율이고, CTR은 노출 대비 클릭 비율이다.

④ 전환율은 광고비 대비 수익이다.

72. 블로그 수익 공식으로 옳은 것은? (2급)

① 방문자 수 × 광고비

② 트래픽 × 전환율 × 객단가

③ 클릭률 × 노출수

④ 검색량 × 키워드

73. CPS 방식의 의미는? (2급)

① 클릭당 비용　　　　② 행동당 비용

③ 판매당 수수료　　　④ 노출당 비용

74. CPA 방식의 의미는? (2급)

① 클릭당 수익　　　　② 특정 행동 발생 시 수익

③ 구매 금액 비율 지급　④ 방문자 수 기준 지급

75. 리드 마그넷 전략의 주요 목적은? (2급)

① 즉시 판매   ② 광고 노출

③ 연락처 확보   ④ 방문자 감소

76. 전환 퍼널의 올바른 순서는? (2급)

① 전환 → 신뢰 → 관심 → 인지

② 인지 → 관심 → 신뢰 → 전환

③ 관심 → 인지 → 전환 → 신뢰

④ 신뢰 → 인지 → 관심 → 전환

77. 이메일 마케팅의 장점으로 가장 적절한 것은? (1급)

① 알고리즘 의존도 높음

② 일회성 노출

③ 반복 노출 및 관계 형성 가능

④ 검색 노출 증가

78. 다음 중 수익 다각화 전략에 해당하는 것은? (1급)

① 제휴 링크만 운영

② 광고만 운영

③ 제휴·강의·전자책 병행 운영

④ 단일 상품 집중

79. 제휴 마케팅 콘텐츠 작성 시 반드시 고려해야 할 요소는?
   (1급)
   ① 링크 숨김
   ② 경제적 이해관계 명시
   ③ 과장 광고
   ④ 가격 미표기

80. 블로그 수익이 발생하지 않는 주요 원인은? (1급)
   ① 내부링크 존재   ② 퍼널 부재
   ③ CTA 존재   ④ 이메일 수집

81. Cost Per Click의 약자는? (2급)
   정답:

82. 블로그에서 무료 자료를 제공하여 이메일을 확보하는 전략을
   무엇이라 하는가? (2급)
   정답:

83. 트래픽 이후 전환을 유도하기 위한 단계적 구조를 무엇이라
   하는가? (2급)
   정답:

AI를 활용한 디지털창의워크, 나만의 일을 만들다

84. 블로그 수익 구조에서 '평균 판매 단가'를 의미하는 용어는? (1급)

　　정답:

85. 수익 안정화를 위해 권장되는 수익원 최소 개수는? (1급)

　　정답:

7장　인스타그램 & 해시태그 마케팅

86. 인스타그램에서 최근 알고리즘 평가 요소로 중요도가 높아진 지표는? (2급)

　　① 팔로워 수　　　　　　　② 게시물 개수

　　③ 저장(Save)과 공유(Share)　④ 프로필 사진 크기

87. 인스타그램에서 계정 정체성을 강화하는 가장 효과적인 방법은? (2급)

　　① 매 게시물마다 다른 주제 사용

　　② 일관된 피드 톤 유지

　　③ 해시태그 30개 이상 사용

　　④ 랜덤 업로드

88. 다음 중 릴스(Reels)의 주요 목적은? (2급)

① 기존 팔로워 관리

② 댓글 관리

③ 신규 도달 확장

④ 프로필 정리

89. 참여율(Engagement Rate)의 공식으로 옳은 것은? (2급)

① 좋아요 ÷ 팔로워 수

② (좋아요 + 댓글 + 저장 + 공유) ÷ 도달 × 100

③ 댓글 ÷ 노출

④ 저장 ÷ 팔로워

90. 탐색탭(Explore) 노출에 가장 유리한 요소는? (2급)

① 무작위 게시   ② 일관된 주제 운영

③ 팔로워 수 증가   ④ 해시태그 미사용

91. 스토리(Stories)의 주요 기능으로 가장 적절한 것은? (2급)

① 장기 검색 노출

② 24시간 관계 강화

③ 외부 검색 유입

④ 장문 콘텐츠 게시

92. 다음 중 '니치 해시태그'의 특징은? (1급)

① 검색량이 매우 높다

② 타겟이 구체적이다

③ 모든 업종에 공통 사용

④ 브랜드명 전용

93. 해시태그 전략으로 가장 바람직한 것은? (1급)

① 동일 태그 30개 반복

② 광범위 태그만 사용

③ 브랜드·니치·광범위 혼합

④ 해시태그 미사용

94. 다음 중 도달(Reach)의 의미는? (1급)

① 총 좋아요 수

② 게시물 노출 횟수

③ 게시물을 본 고유 계정 수

④ 댓글 수

95. 인스타그램 성장 초기 단계에서 가장 권장되는 콘텐츠 포맷은? (1급)

① 텍스트 위주 게시물

② 릴스 중심 운영

③ 스토리만 운영

④ 라이브만 진행

96. 다음 중 인스타그램 운영 실패 요인에 해당하는 것은? (1급)

① CTA 포함

② 주제 일관성 유지

③ 혼합 주제 운영

④ 저장 유도 문구 사용

97. 인스타그램에서 게시물을 본 고유 사용자 수를 의미하는 용어는? (2급)

정답:

98. 브랜드 고유 인지도 축적을 위해 사용하는 해시태그 유형은? (2급)

정답:

99. 인스타그램에서 24시간 후 사라지는 콘텐츠 형식은? (2급)

정답:

100. 참여율 계산 시 포함되는 주요 상호작용 4가지는? (1급)

정답:

AI를 활용한 디지털창의워크, 나만의 일을 만들다

101. 인스타그램 알고리즘에서 계정 분류에 중요한 요소는 무엇인가? (1급)

정답:

8장 페이스북에 대한 이해

102. 페이스북 알고리즘에서 '의미 있는 상호작용'으로 가장 높은 평가를 받는 요소는? (2급)

① 단순 좋아요   ② 자동 공유

③ 댓글 기반 대화   ④ 해시태그 수

103. 페이스북 페이지의 일반적인 유기적 도달률 범위로 가장 적절한 것은? (2급)

① 30~50%   ② 50~70%

③ 2~10%   ④ 80~100%

104. 페이지(Page)의 주요 목적은? (2급)

① 회원 간 토론

② 브랜드 공식 채널 운영

③ 비공개 소통

④ 익명 커뮤니티 운영

105. 그룹(Group)의 가장 큰 장점은? (2급)

① 광고 자동 집행

② 유기적 상호작용 중심 구조

③ 검색 노출 우선권

④ 외부 링크 자동 노출

106. 지역 커뮤니티 마케팅의 핵심 연결 구조는? (2급)

① 온라인 광고만 집행

② 오프라인 행사와 연결

③ 검색엔진 최적화

④ 해시태그 반복

107. 다음 중 페이지와 그룹의 전략적 차이로 옳은 것은? (1급)

① 페이지는 참여 중심, 그룹은 광고 중심

② 페이지는 브랜드 중심, 그룹은 관계 중심

③ 두 기능은 동일

④ 그룹은 광고만 가능

108. 지역 타겟 광고 설정 시 가장 중요한 요소는? (1급)

① 해시태그 개수   ② 게시물 길이

③ 반경·지역 설정   ④ 이미지 크기

109. 그룹 활성화를 위해 가장 효과적인 콘텐츠 유형은? (1급)

① 일방적 홍보 게시물

② 질문형 게시물

③ 외부 링크만 포함된 글

④ 광고 이미지

110. 지역 커뮤니티 운영 시 주요 성과 지표(KPI)에 해당하지 않는 것은? (1급)

① 댓글 수

② 반복 참여자 비율

③ 오프라인 행사 참여율

④ 검색 키워드 밀도

111. 페이스북 운영 실패 요인으로 가장 적절한 것은? (1급)

① 댓글 관리 소홀

② 주제 명확화

③ 오프라인 연계

④ 커뮤니티 규칙 설정

112. 페이스북 알고리즘에서 '의미 있는 상호작용'을 강조하는 정책 용어는 무엇인가? (2급)

정답:

113. 페이스북 페이지의 일반적인 유기적 도달률 범위는 몇 % 수준인가? (2급)

정답:

114. 지역 기반 광고 설정 시 핵심적으로 활용하는 기능은 무엇인가? (1급)

정답:

9장   유튜브 알고리즘 이해

115. 유튜브에서 '반복 시청자(Returning Viewers)' 지표가 중요한 이유는? (1급)

① 광고 단가 직접 결정

② 채널 충성도 판단 가능

③ 영상 길이 자동 증가

④ 해시태그 노출 증가

116. 유튜브 알고리즘의 핵심 목표로 가장 적절한 것은? (2급)

① 구독자 수 증가

② 광고 단가 상승

③ 사용자 만족도 기반 추천

④ 영상 길이 증가

117. CTR(Click Through Rate)의 의미는? (2급)

① 조회수 ÷ 구독자 수

② 노출 대비 클릭 비율

③ 시청 시간 ÷ 영상 길이

④ 좋아요 ÷ 댓글 수

118. 평균 시청률(Audience Retention Rate)의 계산 방식은? (2급)

① 조회수 ÷ 구독자 수

② 시청 시간 ÷ 영상 길이 × 100

③ 클릭 수 ÷ 노출 수

④ 댓글 ÷ 좋아요

119. 유튜브에서 '세션 시간(Session Time)'이 중요한 이유는? (2급)

① 영상 길이를 늘리기 위해

② 광고를 줄이기 위해

③ 플랫폼 체류 시간을 늘리기 위해

④ 댓글 수를 줄이기 위해

120. 롱폼 영상이 쇼츠보다 수익 구조에 유리한 이유는? (2급)

① 제작이 쉽기 때문

② 평균 시청 시간 증가 가능성이 높기 때문

③ 자동 추천이 되기 때문

④ 해시태그가 많기 때문

121. 유튜브 검색 노출을 높이기 위해 가장 중요한 요소는? (1급)

① 영상 길이

② 키워드 최적화

③ 배경음악 종류

④ 댓글 개수

122. 비구독자 노출이 증가하는 주요 경로는? (1급)

① 커뮤니티 게시글

② 홈 추천 및 추천 동영상

③ 채널 멤버십

④ 실시간 채팅

123. 다음 중 썸네일 최적화 전략으로 적절하지 않은 것은? (1급)

① 강한 색 대비 사용

② 핵심 키워드 강조

③ 작은 글씨 다수 배치

AI를 활용한 디지털창의워크, 나만의 일을 만들다

④ 표정 활용

124. 유튜브 수익화 조건 중 하나로 올바른 것은? (1급)

① 구독자 500명

② 조회수 10만

③ 구독자 1,000명 이상

④ 댓글 1,000개

125. 유튜브 마케팅 퍼널의 마지막 단계는? (1급)

① 노출   ② 클릭

③ 시청   ④ 전환

126. 노출 대비 클릭 비율을 의미하는 지표는? (2급)

정답

127. 영상 길이 대비 시청 비율을 나타내는 지표는? (2급)

정답:

128. 유튜브에서 플랫폼 체류 시간 확대를 의미하는 용어는? (1급)

정답:

129. 유튜브 채널배너의 가장 핵심적인 기능은 무엇인가? (2급)

① 광고 수익 증가   ② 영상 노출 증가

③ 채널 정체성 전달   ④ 댓글 수 증가

130. 유튜브 채널아트 제작 시 핵심 문구를 반드시 배치해야 하는 영역은? (2급)

① 좌측 상단   ② 우측 하단

③ 중앙 안전영역   ④ 이미지 외곽

131. 콘텐츠에 맞는 채널배너 설계의 가장 중요한 원칙은? (2급)

① 화려한 효과

② 많은 텍스트

③ 콘텐츠 방향성과의 일치

④ 이미지 다수 삽입

132. 채널배너에서 가독성을 높이기 위한 가장 효과적인 방법은? (2급)

① 얇은 글씨 사용

② 색상 대비 강화

③ 작은 글씨 배치

④ 배경과 동일 색상 사용

133. 다음 중 브랜드 일관성 유지에 해당하는 전략은? (2급)
① 매번 다른 색상 사용

② 썸네일과 동일한 톤 유지

③ 다양한 폰트 혼합

④ 배경 무작위 변경

134. 모바일 촬영 시 사진의 밝기를 결정하는 3요소에 해당하지 않는 것은? (1급)
① ISO ② 셔터스피드

③ 조리개 ④ 화이트밸런스

135. 다음 중 모바일 촬영 시 화질 저하의 주요 원인은? (1급)
① 자연광 활용 ② 디지털 줌 과다 사용

③ ISO 낮게 유지 ④ 배경 단순화

136. 유튜브 썸네일 촬영 시 클릭률에 영향을 줄 수 있는 요소는? (1급)
① 작은 텍스트 다수 배치 ② 낮은 색 대비

③ 감정 표현 강조 ④ 복잡한 배경

137. 채널배너 설계 시 피해야 할 요소는? (1급)

① 중앙 배치　　　　　② 핵심 메시지 강조

③ 과도한 정보 삽입　　④ 모바일 테스트

138. 유튜브 채널배너에서 모든 기기에서 공통으로 보이는 영역을 무엇이라 하는가? (2급)

정답:

139. 사진의 밝기를 결정하는 3요소를 모두 쓰시오. (2급)

정답:

140. 모바일 인물 촬영 시 입체감을 높이기 위해 권장되는 조명 방향은? (1급)

정답:

11장　유튜브 썸네일에 대한 이해

141. 썸네일의 가장 핵심적인 역할은 무엇인가? (2급)

① 영상 길이 설명　　　② 영상 편집 기술 홍보

③ 클릭 유도　　　　　④ 광고 수익 증가

142. 썸네일 텍스트 구성 원칙으로 가장 적절한 것은? (2급)

① 제목과 동일 문장 반복

② 10단어 이상 상세 설명

③ 핵심 단어 중심의 간결 구성

④ 가능한 많은 키워드 나열

143. 시각적 주목성을 높이는 요소로 가장 적절한 것은? (2급)

① 낮은 채도 색상　　　② 얼굴의 눈동자 강조

③ 복잡한 배경 패턴　　　④ 작은 글씨 다수 배치

144. 썸네일에서 색 대비가 중요한 이유는? (2급)

① 영상 길이를 늘리기 위해

② 모바일 화면에서 인지도를 높이기 위해

③ 광고 단가 상승을 위해

④ 음질 개선을 위해

145. 다음 중 썸네일 제작 시 피해야 할 전략은? (2급)

① 여백 활용

② 과도한 정보 삽입

③ 핵심 메시지 강조

④ 인물 중심 구성

146. 썸네일 A/B 테스트의 목적은 무엇인가? (1급)

① 영상 길이 비교

② 두 가지 디자인의 성과 비교

③ 업로드 시간 확인

④ 해상도 조정

147. 클릭베이트 썸네일의 가장 큰 위험 요소는? (1급)

① 조회수 증가

② 평균 시청 지속시간 하락

③ 색 대비 강화

④ 구독 증가

148. 썸네일에서 브랜드 일관성을 유지하는 이유는? (1급)

① 영상 길이 통일   ② 반복 시청자 형성

③ 광고 승인   ④ 자동 추천

149. 모바일 기준 썸네일 설계 시 가장 중요한 점은? (1급)

① 복잡한 배경 활용

② 글자 크기 최소화

③ 축소 상태에서 가독성 유지

④ 긴 문장 삽입

150. 썸네일에서 감정 표현이 중요한 이유는? (1급)

① 광고 클릭 증가

② 검색 순위 상승

③ 시선 집중 및 호기심 유발

④ 영상 자동 재생

151. 썸네일에서 '시선 흐름(Visual Hierarchy)' 설계의 가장 중요한 목적은 무엇인가? (1급)

① 영상 길이를 강조하기 위해

② 광고 위치를 확보하기 위해

③ 시청자의 시선을 핵심 메시지로 자연스럽게 유도하기 위해

④ 해상도를 높이기 위해

152. 노출 대비 클릭 비율을 의미하는 지표는 무엇인가? (2급)

정답:

12장   유튜브 쇼츠, 키워드의 중요성

153. 유튜브 쇼츠의 소비 구조로 가장 적절한 것은? (2급)

① 검색 중심 소비   ② 피드 기반 추천 소비

③ 외부 링크 중심 소비   ④ 구독 알림 중심 소비

154. 쇼츠 노출에 상대적으로 중요한 지표는? (2급)

① 댓글 길이   ② 완시율

③ 영상 해상도   ④ 업로드 요일

155. 롱폼 SEO 전략에서 가장 중요한 요소는? (2급)

① 자극적인 자막

② 핵심 키워드 포함 제목

③ 영상 길이 10분 이상 유지

④ 배경음악 선택

156. 쇼츠 제목 전략으로 적절한 것은? (2급)

① 20단어 이상 장문 작성

② 핵심 단어 1~2개 중심

③ 설명 위주 문장형 제목

④ 모든 키워드 나열

157. 롱폼과 숏폼 SEO의 차이로 옳은 것은? (1급)

① 롱폼은 추천만 중요하다

② 숏폼은 메타데이터가 전혀 필요 없다

③ 롱폼은 검색 유입 비중이 크다

④ 숏폼은 검색 노출이 절대적이다

AI를 활용한 디지털창의워크, 나만의 일을 만들다

158. 다음 중 검색형 콘텐츠에 적합한 키워드 유형은? (2급)

① 감정 유발형 키워드 ② 유행어 중심 키워드

③ 문제 해결형 키워드 ④ 추상적 키워드

159. 키워드 리서치 방법으로 적절한 것은? (1급)

① 무작위 단어 선택

② 유튜브 자동완성 검색어 분석

③ 경쟁 영상 무시

④ 해시태그 20개 이상 삽입

160. 쇼츠에서 도입부 3초가 중요한 이유는? (1급)

① 광고 삽입 때문

② 음질 보정 때문

③ 즉각적 이탈 방지 때문

④ 해시태그 노출 때문

161. 크로스 전략의 올바른 설명은? (1급)

① 쇼츠만 반복 제작

② 롱폼만 집중 제작

③ 롱폼을 쇼츠로 재가공

④ 플랫폼별 독립 운영

162. 키워드의 역할로 가장 적절한 것은? (1급)

　① 영상 길이 결정

　② 촬영 장비 선택

　③ 트래픽 유입 구조 형성

　④ 광고 단가 상승

163. 짧은 영상에서 끝까지 시청한 비율을 무엇이라 하는가? (2급)

　정답:

164. 유튜브 검색창에 입력 시 자동으로 제안되는 기능을 무엇이라 하는가? (2급)

　정답:

165. 하나의 롱폼 콘텐츠를 짧은 영상으로 재가공하는 전략을 무엇이라 하는가? (1급)

　정답:

13장　유튜브 실시간 라이브

166. 유튜브 라이브의 가장 큰 구조적 특징은 무엇인가? (2급)

　① 검색 기반 소비

② 일방향 녹화 송출

③ 실시간 양방향 소통

④ 자동 자막 기능

167. 유튜브 라이브에서 시청자가 금액을 지불해 메시지를 강조하는 기능은? (2급)

① 멤버십　　　　　　　② 슈퍼챗

③ 커뮤니티 게시글　　　④ 자동 재생

168. 라이브 방송이 신뢰 형성에 도움이 되는 이유로 가장 적절한 것은? (2급)

① 고화질 영상 제공

② 편집된 완성도

③ 실시간 대응과 즉각적 반응

④ 긴 영상 길이

169. 다음 중 라이브 활용 유형으로 적절하지 않은 것은? (2급)

① 실시간 강의

② 제품 런칭

③ Q&A 진행

④ 자동 검색 광고

170. 라이브 방송이 전환율 상승에 기여하는 이유는? (2급)

① 영상 길이가 길기 때문

② 실시간 설득과 긴박감 형성

③ 배경음악 효과

④ 댓글 자동 필터링

171. 라이브 종료 후 일반 영상으로 저장되는 기능을 무엇이라 하는가? (1급)

① 자동 삭제

② 아카이브

③ 실시간 모드

④ 스냅샷

172. 라이브 운영 시 사전 준비 단계에 포함되지 않는 것은? (1급)

① 인터넷 환경 점검

② 진행 순서 구성

③ 시청자 분석

④ 실시간 채팅 응답

173. 라이브 방송이 커뮤니티 형성에 기여하는 가장 큰 이유는? (1급)

① 영상 길이

AI를 활용한 디지털창의워크, 나만의 일을 만들다

② 채팅 참여와 상호작용

③ 영상 편집 기술

④ 썸네일 디자인

174. 라이브 사전 홍보 전략으로 가장 적절한 것은? (1급)

① 방송 직전 공지

② 사전 예고 게시 및 알림 유도

③ 제목 비공개 설정

④ 무작위 시간 송출

175. 라이브 콘텐츠의 사후 활용 전략으로 적절한 것은? (1급)

① 영상 삭제

② 제목 미수정 상태 유지

③ 하이라이트 쇼츠 제작

④ 댓글 비활성화

176. 라이브 방송에서 '고정 댓글(Pinned Message)'을 전략적으로 활용하는 가장 적절한 방법은? (2급)

① 시청자 채팅을 차단하기 위해

② 방송 링크를 반복 게시하기 위해

③ 핵심 안내나 신청 링크를 상단에 고정하기 위해

④ 자동 광고를 삽입하기 위해

177. 라이브 방송에서 시청자의 참여율을 높이기 위한 진행 전략
으로 가장 적절한 것은? (1급)

① 진행자가 일방적으로 설명만 계속한다

② 채팅 질문을 무시하고 예정된 내용만 진행한다

③ 중간 중간 시청자 질문을 직접 언급하고 반응한다

④ 방송 시간을 사전에 공지하지 않는다

178. 라이브 방송 이후 성과를 분석할 때 가장 우선적으로 확인해
야 할 지표는? (1급)

① 채널 개설 연도

② 동시 시청자 수 및 평균 시청 시간

③ 프로필 이미지

④ 업로드 요일

14장 종료화면·카드·채널분석

179. 유튜브 종료화면의 가장 핵심적인 목적은 무엇인가? (2급)

① 영상 길이 연장

② 광고 자동 삽입

③ 다음 행동 유도

④ 댓글 증가

AI를 활용한 디지털창의워크, 나만의 일을 만들다

180. 종료화면에 삽입할 수 없는 요소는? (2급)

① 다른 영상 ② 재생목록

③ 구독 버튼 ④ 실시간 채팅창

181. 재생목록을 종료화면에 연결하는 가장 큰 이유는? (2급)

① 영상 해상도 향상 ② 자동 번역 제공

③ 연속 시청 유도 ④ 댓글 관리

182. 카드 기능의 주요 역할은 무엇인가? (2급)

① 영상 삭제

② 중간 광고 삽입

③ 관련 콘텐츠 안내

④ 자동 자막 생성

183. 카드 기능을 과도하게 사용할 경우 발생할 수 있는 문제는? (2급)

① 조회수 자동 증가 ② 시청 흐름 방해

③ 음질 저하 ④ 해상도 감소

184. YouTube Analytics에서 영상 몰입도를 판단할 수 있는 지표는? (1급)

① 댓글 수 ② 평균 시청 지속시간

③ 업로드 시간 　　　　　④ 채널 개설일

185. 시청자 이탈 구간을 시각적으로 확인할 수 있는 기능은? (1급)

① 트래픽 소스 표

② 시청자 유지 그래프

③ 구독자 목록

④ 광고 보고서

186. 트래픽 소스 분석의 목적은 무엇인가? (1급)

① 영상 길이 조정 　　　　② 유입 경로 파악

③ 배경음악 선택 　　　　④ 자막 색상 변경

187. 내부 트래픽 설계가 중요한 이유는? (1급)

① 영상 자동 편집 　　　　② 채널 총 시청시간 증가

③ 광고 단가 상승 보장 　　④ 댓글 자동 생성

188. 데이터 기반 개선의 올바른 사례는? (1급)

① CTR이 낮아도 그대로 유지

② 시청 이탈 구간 무시

③ 도입부 이탈 높으면 구조 수정

④ 데이터 확인 없이 감으로 수정

AI를 활용한 디지털창의워크, 나만의 일을 만들다

189. 종료화면 요소는 영상의 어느 구간에 설정 가능한가? (2급)

① 영상 시작 5초

② 영상 중간 전체 구간

③ 영상 마지막 5~20초

④ 영상 업로드 직후 자동 설정

190. 종료화면에 '구독 버튼'만 단독으로 배치했을 때 발생할 수 있는 한계로 가장 적절한 것은? (2급)

① 영상 화질 저하

② 연속 시청 기회 감소

③ 광고 노출 제한

④ 댓글 기능 비활성화

191. Analytics에서 특정 영상의 유입 경로 중 '외부 유입' 비율이 높은 경우, 이를 전략적으로 활용하는 방법으로 가장 적절한 것은? (1급)

① 해당 영상 삭제

② 외부 플랫폼과 연계 콘텐츠 강화

③ 카드 기능 제거

④ 업로드 시간 무작위 변경

192. 다음 중 효과적인 종료화면 설계 전략으로 가장 적절한 것은? (2급)

    ① 무작위 인기 영상 연결

    ② 영상 내용과 관련 없는 콘텐츠 연결

    ③ 현재 영상과 주제가 연결된 재생목록 연결

    ④ 종료화면 미설정

193. Analytics에서 특정 영상이 구독자 증가에 기여했는지 확인하려면 어떤 지표를 참고해야 하는가? (1급)

    ① 평균 시청 지속시간

    ② 구독 전환 분석(영상별 구독자 변화)

    ③ 댓글 수

    ④ 업로드 빈도

194. 카드 기능을 전략적으로 활용하는 가장 적절한 방법은? (1급)

    ① 영상 도입 직후 즉시 삽입

    ② 설명이 필요한 핵심 구간에서 관련 콘텐츠 안내

    ③ 영상 종료 직전에 반복 삽입

    ④ 영상 길이와 무관하게 동일 시간에 삽입

195. 유튜브 알고리즘의 궁극적인 목적은 무엇인가? (2급)

　　① 영상 제작자 수 증가

　　② 광고 단가 고정

　　③ 사용자의 플랫폼 체류 시간 증가

　　④ 영상 길이 확대

196. 다음 중 반응도 지수에 해당하지 않는 것은? (2급)

　　① 평균 시청 지속시간　　　　② 좋아요 수

　　③ 카메라 기종　　　　　　　④ 댓글 수

197. CTR이 높지만 평균 시청 시간이 낮을 경우 의미하는 것은? (2급)

　　① 알고리즘 확장 가능성 증가

　　② 썸네일과 내용 불일치 가능성

　　③ 구독 전환 상승

　　④ 내부 이동 증가

198. 시청자 유지 그래프에서 급격한 하락 구간은 무엇을 의미하는가? (2급)

　　① 광고 삽입 성공

② 반복 재생 증가

③ 이탈 구간

④ 구독자 증가

199. 반복 시청이 많다는 것은 무엇을 의미하는가? (2급)

① 영상 길이가 짧음　　② 강한 관심 또는 학습 가치

③ 댓글 감소　　　　　④ 노출 감소

200. 구독 전환율 분석이 중요한 이유는? (1급)

① 광고 승인 때문

② 영상 해상도 개선 때문

③ 장기적 팬 형성 가능성 파악

④ 자동 추천 보장

201. 알고리즘 관리의 올바른 접근 방식은? (1급)

① 감에 의존한 수정

② 데이터 기반 반복 개선

③ 무작위 제목 변경

④ 업로드 중단

202. 영상 초반 30초의 중요성은 무엇 때문인가? (1급)

① 광고 삽입 시점　　　　　② 초기 이탈 방지

　AI를 활용한 디지털창의워크, 나만의 일을 만들다

③ 자동 자막 생성   ④ 배경음악 효과

203. 다음 중 알고리즘이 긍정적으로 해석할 가능성이 높은 신호
는? (1급)

① 빠른 이탈   ② 낮은 시청 지속시간

③ 댓글 참여 증가   ④ 조회수 정체

204. 알고리즘 관리의 최종 목적은 무엇인가? (1급)

① 단기 조회수 급증   ② 광고 노출 자동화

③ 지속 가능한 채널 성장   ④ 영상 개수 증가

205. 평균 시청 지속시간이 동일할 경우, 알고리즘이 더 긍정적
으로 평가할 가능성이 높은 영상은? (1급)

① 조회수만 높은 영상

② 영상 길이가 매우 짧은 영상

③ 시청 완료 비율이 높은 영상

④ 댓글이 없는 영상

206. 특정 영상의 댓글이 급격히 증가했다면 알고리즘 관점에서
가장 적절한 해석은? (2급)

① 영상 삭제 대상   ② 사용자 참여 신호 증가

③ 해상도 문제 발생   ④ 광고 승인 제한

207. 트래픽 소스 중 '추천 영상' 비율이 높아졌다는 것은 무엇을 의미하는가? (1급)

　① 검색 유입 감소

　② 알고리즘 확장 가능성 증가

　③ 광고 수익 자동 증가

　④ 업로드 시간 변경 필요

208. 영상 업로드 후 알고리즘 관리를 위해 가장 적절한 행동은? (2급)

　① 즉시 삭제 후 재업로드

　② 일정 기간 데이터 분석 후 개선점 수정

　③ 제목을 무작위로 변경

　④ 썸네일 제거

209. 시청자가 영상에 얼마나 적극적으로 반응했는지를 종합적으로 나타내는 개념을 무엇이라 하는가? (1급)

　정답:

수고 많으셨습니다!!

디지털 창의워크 전문가 과정

기출예상문제 정답

1장 AI 개념 & 트렌드

번호		정답과 해설
1	②	블로그는 검색엔진 기반 플랫폼으로 키워드 중심 노출이 핵심이다.
2	③	인스타그램은 이미지 및 릴스 중심의 시각 플랫폼이다.
3	③	디지털창의워크는 개인의 경험·관점·전문성을 콘텐츠로 구조화해 '일'로 연결하는 개념이다.
4	②	유튜브는 검색 기반 구조를 가지므로 메타데이터 최적화가 중요하다.
5	②	짧은 시간 내 메시지 전달을 위해 문제 해결 구조가 적합하다.
6	②	콘텐츠 기반 신뢰 형성 후 상품·서비스 연결 구조가 일반적이다.
7	②	퍼스널 브랜딩은 정체성의 일관성이 핵심이다.
8	③	블로그는 검색 유입 중심 플랫폼이다.
9	②	그룹·관계 중심 확산이 특징이다.
10	②	브랜드 신뢰가 형성되면 가격이 아닌 가치 중심 선택이 이루어진다.
11	③	SNS는 콘텐츠를 통해 신뢰를 축적하는 핵심 채널이다.
12		**생성형 AI (Generative AI)** 생성형 AI는 입력 데이터를 바탕으로 새로운 결과물을 생성하는 인공지능 기술이다.
13		**환각 (Hallucination)** AI는 확률 기반 모델이므로 실제와 다른 정보를 생성할 수 있으며 이를 '환각'이라 한다.

AI를 활용한 디지털창의워크, 나만의 일을 만들다

14	AI의 핵심 기능은 데이터를 통한 학습과 그 결과를 활용한 추론이다.

2장 콘텐츠 기획의 구조와 전략적 선택

번호		정답과 해설
15	③	콘텐츠 기획은 단순 아이디어가 아니라 구조 설계 과정이다.
16	③	콘텐츠 기획의 출발점은 타겟과 그들이 가진 문제 정의이다.
17	③	장비 수준은 방향 판단의 핵심 기준이 아니다.
18	③	유행 중심 콘텐츠는 지속성에서 불리하다.
19	②	콘텐츠는 문제 해결 구조일 때 시장성이 높다.
20	②	트렌드 콘텐츠는 초기 도달 확보에 유리하다.
21	③	정체성 기반 콘텐츠는 브랜드 형성에 유리하다.
22	③	브랜드 일관성을 유지하면서 도달을 확보하는 전략이다.
23	②	콘텐츠는 신뢰 형성의 핵심 수단이다.
24	②	실제 수익 연결 사례는 시장성 판단의 중요한 기준이다.
25	③	장기 운영을 위해서는 정체성과 지속 가능성이 핵심이다.
26	**지속성 부족** 유행이 지나면 도달과 관심이 감소한다.	

3장 LLM 기반 AI 활용법

번호		정답과 해설
27	②	LLM은 대규모 데이터를 기반으로 다음 단어를 예측하는 확률 기반 언어 모델이다.
28	②	LLM은 Large Language Model의 약자로, 대규모 언어 모델을 의미한다.
29	②	LLM은 문맥을 분석하여 다음에 올 단어를 확률적으로 예측한다.
30	②	GPT는 Generative Pre-trained Transformer의 약자다.
31	②	GPT는 논리적 글 구성과 콘텐츠 초안 작성에 강점이 있다.
32	②	Gemini는 Google 검색 인프라 기반 정보 탐색과 요약에 강점이 있다.
33	②	두 모델 모두 Transformer 기반 대규모 언어 모델이다.
34	②	GPT는 글쓰기 및 구조화 작업에 특화되어 있다.
35	②	Gemini는 Google 검색과 연동되어 최신 정보 접근에 강점이 있다.
36	②	LLM은 확률 기반 모델이므로 결과 검증이 필수다.
37	④	콘텐츠 제작과 정보 조사 등 목적에 따라 병행 활용이 가능하다.
38		**Transformer** LLM은 Transformer 기반 모델이다.

4장 블로그의 구조적 이해와 전략

번호		정답과 해설
39	②	검색엔진은 먼저 웹페이지를 수집(크롤링)하고, 이를 저장(색인)한 뒤 검색 결과 순위를 결정(랭킹)한다
40	②	정보 탐색형은 특정 개념이나 정보를 알고자 하는 검색이다.
41	③	신뢰성은 정보의 정확성과 출처의 투명성에 의해 판단된다.
42	②	체류시간은 사용자가 콘텐츠를 소비하는 시간이다.
43	③	내부링크는 블로그 내 다른 글과 연결하여 구조를 강화한다.
44	③	상업적 조사형은 구매 전 비교·추천 검색이다
45	②	구조화된 콘텐츠는 검색엔진과 사용자 모두에게 유리하다.
46	③	검색 의도와 콘텐츠가 맞지 않으면 이탈률이 높아질 수 있다.
47	③	롱테일키워드는 구체적 검색 의도를 반영한다.
48	③	CTA는 상담, 구매, 구독 등 행동을 유도하는 장치다.
49	③	문제 해결형 콘텐츠는 검색 의도가 명확하여 장기 유입이 가능하다.
50	**검색 의도(Search Intent)** 검색 의도는 검색 목적을 의미한다.	
51	**내부 링크** 내부링크는 사이트 구조를 강화한다.	

5장 구매유도형 글쓰기 구조와 CTA 설계 전략

번호		정답과 해설
52	②	전환율은 목표 행동 수를 방문자 수로 나눈 뒤 100을 곱한 값이다.
53	③	AIDA는 주의→관심→욕구→행동의 단계적 설득 구조다.
54	②	Agitate는 문제를 강조하여 긴급성을 높이는 단계다.
55	②	CTA는 "지금 신청하기"처럼 명확하고 구체적이어야 효과적이다.
56	②	후기, 사용 사례, 리뷰는 대표적 사회적 증거다.
57	②	제한성과 마감 메시지는 결정 속도를 높인다.
58	③	FOMO는 기회를 놓치는 것에 대한 불안 심리를 활용한다.
59	③	"지금 신청하기", "무료 체험 시작하기"처럼 행동 중심 동사가 유리하다.
60	③	설득 이후 행동 유도를 위해 중간·하단 배치가 효과적이다
61	②	CTR은 노출 수 대비 클릭 수의 비율이다.
62	④	키워드 반복은 SEO 요소이며, 직접적인 전환 설계와는 다르다.
63	AIDA	대표적인 설득 모델이다.
64	PAS	문제 중심 설득 구조다.
65	Conversion Rate	목표 행동 발생 비율이다.
66	사회적 증거(Social Proof)	다수 선택에 대한 신뢰 심리다.

AI를 활용한 디지털창의워크, 나만의 일을 만들다

67 색상 대비(Contrast)
버튼은 배경과 대비되어 눈에 띄어야 한다.

6장 블로그 수익 마케팅 구조

번호		정답과 해설
68	②	개인 경험 기반 신뢰 형성은 전환율상승에 기여한다.
69	③	"행동 동사 + 구체적 이익"이 포함된 문구가 전환율에 유리하다. 단순 클릭 유도 문구는 효과가 낮다.
70	③	대비 원칙은 CTA가 시각적으로 눈에 띄도록 배경과 색상 차이를 두는 전략이다. 이는 클릭률(CTR)에 영향을 줄 수 있다.
71	③	CTR은 노출 대비 클릭 비율이며, 전환율은 방문자 중 목표 행동을 완료한 비율이다. 두 지표는 서로 다른 단계의 성과를 측정한다.
72	②	수익은 방문자 수(트래픽), 전환율, 평균 판매 단가의 곱으로 계산할 수 있다.
73	③	CPS(Cost Per Sale)는 실제 판매가 발생했을 때 수수료를 받는 구조다.
74	②	CPA(Cost Per Action)는 회원가입, 신청 등 특정 행동 발생 시 수익이 지급된다.
75	③	리드 마그넷은 무료 자료 제공을 통해 이메일 등 연락처를 확보하는 전략이다.
76	②	일반적인 퍼널은 인지→관심→신뢰→전환의 단계로 구성된다.

77	③	이메일은 플랫폼 알고리즘의 영향을 적게 받고 지속적 관계 형성이 가능하다
78	③	수익원을 다층 구조로 설계하는 것이 안정적이다.
79	②	제휴 활동은 대가성 표기가 필수이며 신뢰 확보에 중요하다.
80	②	트래픽이 있어도 전환 퍼널이 없으면 수익으로 연결되지 않는다.
81	CPC	클릭당 과금 구조다.
82	**리드 마그넷**	무료 제공을 통한 리드 확보 전략이다.
83	**퍼널(Funnel)**	고객 여정을 단계별로 설계한 구조다.
84	**객단가**	제휴 활동은 대가성 표기가 필수이며 신뢰 확보에 중요하다.
85	**3개 이상**	단일 수익원은 리스크가 높다.

7장 인스타그램에 대한 이해와 해시태그 마케팅 전략

번호		정답과 해설
86	③	저장과 공유는 콘텐츠 유용성을 판단하는 주요 참여 지표로 간주된다.
87	②	일관된 피드구성은 브랜드 인식 형성에 유리하다.
88	③	릴스는 비팔로워 추천 노출 비중이 높아 도달 확장에 유리하다.

AI를 활용한 디지털창의워크, 나만의 일을 만들다

89	②	참여율은 도달 대비 전체 상호작용 비율로 계산한다.
90	②	주제 일관성은 알고리즘이 계정의 관심사를 분류하는 데 중요하다.
91	②	스토리는 단기 노출과 관계 강화에 적합하다.
92	②	니치 태그는 세부 타겟이 명확하며 경쟁 강도가 상대적으로 낮다.
93	③	세 가지 유형을 혼합하는 전략이 균형 잡힌 노출에 유리하다.
94	③	도달은 해당 콘텐츠를 본 고유 사용자 수를 의미한다.
95	②	릴스는 비팔로워 노출 비율이 높아 초기 성장에 유리하다.
96	③	주제 혼합은 알고리즘 분류를 어렵게 하여 노출에 불리할 수 있다.

97 **도달(Reach)**
고유 계정 수 기준 지표다.

98 **브랜드 태그**
계정명·브랜드명 중심 태그다.

99 **스토리(Stories)**
단기 관계 강화용 기능이다.

100 **좋아요, 댓글, 저장, 공유**
알고리즘 반응 판단 지표다.

101 **주제 일관성**
계정이 다루는 관심사가 명확해야 추천 노출 가능성이 높아진다.

8장 페이스북 이해와 페이지·그룹 운영 전략 , 지역 커뮤니티 마케팅 구조

번호		정답과 해설
102	③	페이스북은 댓글과 대화 중심 상호작용을 중요하게 평가한다.
103	③	페이지의 유기적 도달은 일반적으로 팔로워 대비 2~10% 수준으로 알려져 있다.
104	②	페이지는 브랜드 및 기관의 공식 채널이다.
105	②	그룹은 참여 중심 구조로 상호작용이 활발하다.
106	②	지역 마케팅은 온라인 관계를 오프라인 행사로 연결하는 것이 핵심이다.
107	②	페이지는 브랜드 홍보, 그룹은 관계 형성에 적합하다.
108	③	지역 기반 광고는 반경 설정이 핵심이다.
109	②	질문형 게시물은 댓글 참여를 유도한다.
110	④	키워드 밀도는 블로그 SEO 지표에 해당한다.
111	①	댓글 관리가 이루어지지 않으면 참여율이 하락할 수 있다.
112		**의미 있는 상호작용(Meaningful Interaction)** 페이스북은 단순 좋아요보다 댓글·대화 중심의 상호작용을 우선 평가한다.
113		**2~10%** 페이지 게시물의 유기적 도달률은 팔로워 대비 평균적으로 낮은 편에 속한다.
114		**반경(지역) 타겟 설정** 지역 커뮤니티 마케팅에서는 특정 도시나 반경 km 단위 설정이 핵심이다.

AI를 활용한 디지털창의워크, 나만의 일을 만들다

9장 유튜브에 대한 이해와 알고리즘, 마케팅 구조

번호		정답과 해설
115	②	반복 시청자는 채널의 충성도와 팬덤 형성을 나타내는 지표다.
116	③	유튜브는 시청자의 만족도와 시청 행동을 기반으로 콘텐츠를 추천한다.
117	②	CTR은 노출 수 대비 클릭 비율을 의미한다.
118	②	시청률은 전체 영상 길이 대비 시청 비율이다.
119	③	유튜브는 사용자가 플랫폼에 오래 머무는 것을 긍정적으로 평가한다.
120	②	롱폼은 시청 시간 축적에 유리하여 광고 수익 구조에 긍정적이다.
121	②	검색 기반 유입은 제목·설명·태그의 키워드 최적화가 핵심이다.
122	②	홈과 추천 영상은 비구독자 대상 확장 노출의 핵심 경로다.
123	③	작은 글씨는 모바일 환경에서 가독성이 낮다.
124	③	파트너 프로그램 기본 조건 중 하나는 구독자 1,000명 이상이다.
125	④	최종 목표는 외부 상품 구매, 신청 등 전환이다.
126		**CTR 클릭률** (Click Through Rate)의 약자이다.
127		**평균 시청률 (Audience Retention Rate)** 시청 유지율을 의미한다.
128		**세션 시간 (Session Time)** 사용자가 한 영상을 본 뒤 플랫폼에 머무는 전체 시간을 의미한다.

10장 유튜브 채널배너의 중요성과 모바일 사진촬영의 이해

번호		정답과 해설
129	③	채널배너는 채널의 브랜드 정체성과 방향성을 전달하는 시각적 선언 영역이다.
130	③	모든 기기에서 공통으로 보이는 중앙 안전영역에 핵심 요소를 배치해야 한다.
131	③	배너는 채널의 콘텐츠 콘셉트와 일관되어야 한다.
132	②	텍스트와 배경 간 명확한 대비가 가독성을 높인다.
133	②	배너와 썸네일의 시각적 일관성은 브랜드 인식에 중요하다.
134	④	ISO, 셔터스피드, 조리개는 노출 3요소이며 화이트밸런스는 색온도 조정 요소다.
135	②	디지털 줌은 해상도 저하를 유발할 수 있다.
136	③	감정 표현이 명확할수록 작은 화면에서 주목도가 높아질 수 있다.
137	③	정보가 과다하면 메시지 전달력이 떨어진다.
138		**안전영역(Safe Area)** 핵심 문구는 이 영역 안에 배치해야 한다.
139		**ISO, 셔터스피드, 조리개** 노출 삼각형의 구성 요소이다.
140		**측면광(45도 방향 빛)** 측면광은 얼굴에 자연스러운 입체감을 형성한다.

번호		정답과 해설
141	③	썸네일은 노출된 영상 중 클릭 여부를 결정하는 시각적 요소다.
142	③	썸네일 텍스트는 3~5단어 이내로 핵심 메시지만 전달하는 것이 효과적이다.
143	②	인간은 얼굴과 눈에 시선이 먼저 반응하는 경향이 있다.
144	②	작은 모바일 화면에서는 강한 대비가 시인성을 높인다.
145	②	과도한 정보는 가독성을 떨어뜨린다.
146	②	A/B 테스트는 CTR 차이를 비교해 최적안을 찾는 방법이다.
147	②	내용과 불일치한 썸네일은 시청 이탈을 유발할 수 있다.
148	②	동일한 톤과 디자인은 브랜드 인식을 강화한다.
149	③	모바일에서는 축소된 상태에서도 식별 가능해야 한다.
150	③	감정 표현은 인간의 시각적 반응을 유도하는 요소다.
151	③	시각적 계층 구조(Visual Hierarchy)는 크기·색·배치 등을 활용해 시청자의 시선을 가장 중요한 정보로 유도하는 디자인 원칙이다. 이는 클릭률향상에 직접적인 영향을 줄 수 있다.
152		**클릭률(CTR)** 썸네일 전략과 직접적으로 연결되는 지표다.

12장 유튜브 쇼츠의 이해와 롱폼·숏폼 SEO 전략, 키워드의 중요성

번호		정답과 해설
153	②	쇼츠는 검색보다 추천 피드 기반 소비 구조를 가진다.
154	②	쇼츠는 짧은 영상 특성상 완시율과반복 재생이 중요하다.
155	②	검색형 콘텐츠에서는 제목에 핵심 키워드 포함이 중요하다.
156	②	쇼츠는 간결하고 직관적인 제목이 유리하다.
157	③	롱폼은 검색과 추천이 모두 중요하며 검색형 콘텐츠 전략이 핵심이다.
158	③	"~하는 방법"과 같은 문제 해결형 키워드는 검색 의도가 높다.
159	②	자동완성과 연관 검색어 분석은 기본적인 키워드 조사 방법이다.
160	③	쇼츠는 스와이프기반 소비이므로 초반 흡입력이 중요하다.
161	③	롱폼을 쇼츠로 재가공하여 유입을 확대하는 전략이 효율적이다.
162	③	키워드는 검색 노출과 트래픽 구조 형성에 핵심 역할을 한다.
163	**완시율** 쇼츠에서매우 중요한 지표다.	
164	**자동완성(검색 자동완성)** 키워드 리서치에 활용된다.	
165	**크로스 업로드 전략 (또는 리패키징 전략)** 롱폼과 숏폼을 연결하는 마케팅 구조다.	

AI를 활용한 디지털창의워크, 나만의 일을 만들다

13장 유튜브 실시간 라이브의 이해와 활용 전략

번호		정답과 해설
166	③	유튜브 라이브는 실시간 채팅을 통한 양방향 소통 구조가 핵심이다.
167	②	슈퍼챗은 라이브 중 후원과 메시지 강조 기능이다.
168	③	편집되지 않은 실시간 대응은 진정성과 신뢰 형성에 기여한다.
169	④	자동 검색 광고는 라이브 활용 유형이 아니다.
170	②	실시간 설명과 한정성(FOMO)은 구매 행동을 촉진할 수 있다.
171	②	라이브 종료 후 아카이브로 저장되어 재활용이 가능하다.
172	④	실시간 채팅 응답은 진행 중 단계에 해당한다.
173	②	실시간 채팅은 시청자 간 소속감 형성에 기여한다.
174	②	최소 3~5일 전 예고는 참여율을 높인다.
175	③	라이브를 쇼츠로 재가공하면 추가 유입을 기대할 수 있다.
176	③	고정 댓글은 라이브 중 중요한 공지, 신청 링크, 자료 다운로드 안내 등을 상단에 고정해 전환을 유도하는 도구다.
177	③	실시간 채팅을 반영하고 시청자 이름을 언급하며 질문에 답하는 방식은 참여감과 소속감을 높여 라이브 몰입도를 향상시킨다.
178	②	동시 시청자 수와 평균 시청 시간은 라이브의 참여도와 몰입도를 판단하는 핵심 지표다.

14장 유튜브 종료화면, 카드 기능, 채널 분석의 중요성

번호		정답과 해설
179	③	종료화면은 다음 영상 시청, 구독 등 행동 전환을 설계하는 기능이다.
180	④	실시간 채팅은 라이브 기능이며 종료화면 요소가 아니다.
181	③	재생목록은 연속 재생을 통해 체류시간 증가에 기여한다.
182	③	카드 기능은 영상 중간에 관련 콘텐츠를 안내하는 역할을 한다.
183	②	과도한 카드 삽입은 시청 몰입을 방해할 수 있다.
184	②	평균 시청 지속시간은 영상의 몰입도를 판단하는 핵심 지표다.
185	②	시청자 유지 그래프는 이탈 구간을 분석할 수 있는 도구다.
186	②	트래픽 소스는 검색, 추천, 외부 유입 등 경로를 파악하는 지표다.
187	②	내부 연결은 체류시간을 증가시키는 전략이다.
188	③	분석 결과에 따라 도입부를 수정하는 것이 데이터 기반 개선이다.
189	③	종료화면은 영상의 마지막 5~20초 구간에만 설정 가능하다.
190	②	종료화면에 구독 버튼만 배치하면 다음 영상 시청 연결이 약해져 내부 체류시간 확장이 제한될 수 있다.

AI를 활용한 디지털창의워크, 나만의 일을 만들다

191	②	외부 유입이 높다면 블로그·SNS 등 외부 채널과의 연계를 강화해 트래픽 구조를 확장하는 전략이 적절하다.
192	③	주제 연관성이 높은 콘텐츠를 연결해야 내부 시청 흐름이 자연스럽다.
193	②	영상별 구독자 증가 수치는 해당 영상의 전환 효과를 판단하는 지표다.
194	②	카드 기능은 시청 맥락상 정보 보완이 필요한 구간에서 사용하는 것이 효과적이다.

15장 유튜브 알고리즘 관리법과 반응도 지수의 이해

번호		정답과 해설
195	③	유튜브는 사용자가 플랫폼에 오래 머무는 것을 가장 중요한 목표로 한다.
196	③	카메라 기종은 알고리즘 반응 지표가 아니다.
197	②	클릭은 발생했으나 유지가 낮다면 기대와 내용이 다를 가능성이 있다.
198	③	급격한 하락은 시청자가 많이 이탈한 구간이다.
199	②	반복 시청은 콘텐츠 가치가 높다는 신호로 해석될 수 있다.
200	③	구독은 일회성 조회가 아닌 지속적 관계 형성을 의미한다.
201	②	알고리즘은 조작이 아니라 데이터 분석과 개선을 통해 관리한다.
202	②	초반 이탈률은 유지율에 직접적 영향을 준다.

203	③	댓글은 적극적 참여 신호로 해석된다.
204	③	관리의 목표는 장기적 성장 구조 형성이다.
205	③	동일한 평균 시청 시간이라도 완료 비율이 높으면 콘텐츠 몰입도가 높다고 판단될 수 있다.
206	②	댓글은 적극적 참여 신호로, 콘텐츠 활성도를 나타내는 긍정적 지표다.
207	②	추천 영상 유입이 높다는 것은 알고리즘이 해당 콘텐츠를 확장 노출하고 있음을 의미한다.
208	②	일정 기간 데이터를 분석한 뒤 구조적 개선을 진행하는 것이 올바른 관리 방법이다.
209		**반응도 지수(Engagement Signals)** CTR, 유지율, 댓글, 구독 전환 등 다양한 행동 신호를 포함한다.

수고 많으셨습니다!!

에필로그

이제, 시작할 차례다.

프롤로그에서 우리는 이렇게 말했다. 문제는 능력이 아니라 기회의 언어를 아직 만나지 못한 데 있다고…

이제 당신은 그 언어를 만났다.

디지털창의워크는 단순한 SNS 기술이 아니다. 자신의 경험과 관점을 콘텐츠로 구조화해 '일'로 연결하는 능력이다.

그리고 그 구조는 이미 당신 안에 있다.

우리는 이 책에서 기능을 나열하지 않았다. 블로그, 인스타그램, 페이스북, 유튜브를 따로 배우지 않았다. 대신 연결의 구조를 배웠다.

$$\boxed{관점} \rightarrow \boxed{콘텐츠} \rightarrow \boxed{연결} \rightarrow \boxed{분석} \rightarrow \boxed{개선}$$

이 흐름을 이해한 순간, 1인창업은 막연한 꿈이 아니라 선택 가능한 현실이 된다.

AI는 사람을 대체하지 않는다. 방향을 증폭시킬 뿐이다. 방향이 분명하면 도구는 힘이 된다. 방향이 없으면 아무것도 바뀌지 않는다.

그래서 가장 중요한 질문은 여전히 이것이다.

"무엇을 만들고 싶은가?"

그리고 이제 하나가 더 남았다.

"언제 시작할 것인가?"

완벽함은 오지 않는다. 시작 속에서 다듬어질 뿐이다.

중장년에게 디지털창의워크는 늦은 도전이 아니다. 삶의 무게를 자산으로 바꾸는 과정이다. 경험은 콘텐츠가 되고, 콘텐츠는 신뢰가 되며, 신뢰는 일이 된다.

이 책은 답을 대신해주지 않는다. 그러나 구조를 제시했다.

구조를 가진 사람은 흔들려도 무너지지 않는다.

이제 남은 것은 단 하나. 실행이다.

작게 시작하라. 한 줄의 글이라도 좋고, 1분의 영상이라도 좋다. 올리고, 보고, 고치고, 다시 시도하라.

그 반복이 당신의 브랜드가 된다.

완벽함이 아니라 시작이 필요한 시대.

당신만의 일을 시작할 수 있는 첫걸음은 이미 준비되어 있다.

이제, 당신의 차례다.